Gestão
da tecnologia
e inovação

O selo DIALÓGICA da Editora InterSaberes faz referência às publicações que privilegiam uma linguagem na qual o autor dialoga com o leitor por meio de recursos textuais e visuais, o que torna o conteúdo muito mais dinâmico. São livros que criam um ambiente de interação com o leitor – seu universo cultural, social e de elaboração de conhecimentos –, possibilitando um real processo de interlocução para que a comunicação se efetive.

Danielle Denes dos Santos Carstens
Edson Fonseca

Gestão da tecnologia e inovação

Rua Clara Vendramin, 58 . Mossunguê . CEP 81200-170
Curitiba . PR . Brasil . Fone: (41) 2106-4170
www.intersaberes.com . editora@editorainteresaberes.com.br

Conselho editorial	Dr. Ivo José Both (presidente)
	Drª Elena Godoy
	Dr. Neri dos Santos
	Dr. Ulf Gregor Baranow
Editora-chefe	Lindsay Azambuja
Supervisora editorial	Ariadne Nunes Wenger
Analista editorial	Ariel Martins
Preparação de originais	Juliana Fortunato
Edição de texto	Arte e Texto
	Floresval Nunes Moreira Junior
Capa	Charles L. da Silva (*design*)
	Plasteed, Rido, franz12 e DigitalPen/Shutterstock (imagens)
Projeto gráfico	Charles L. da Silva
Diagramação	Carolina Perazzoli
Equipe de *design*	Laís Galvão
	Charles L. da Silva
Iconografia	Celia Kitue Suzuki
	Regina Claudia Cruz Prestes

1ª edição, 2019.
Foi feito o depósito legal.

Informamos que é de inteira responsabilidade dos autores a emissão de conceitos.

Nenhuma parte desta publicação poderá ser reproduzida por qualquer meio ou forma sem a prévia autorização da Editora InterSaberes.

A violação dos direitos autorais é crime estabelecido na Lei n. 9.610/1998 e punido pelo art. 184 do Código Penal.

Dados Internacionais de Catalogação na Publicação (CIP)
(Câmara Brasileira do Livro, SP, Brasil)

Carstens, Danielle Denes dos Santos
   Gestão da tecnologia e inovação/Danielle Denes dos Santos Carstens, Edson Fonseca. Curitiba: InterSaberes, 2019.

   Bibliografia.
   ISBN 978-85-5972-908-5

   1. Administração de empresas 2. Inovações tecnológicas I. Fonseca, Edson. II. Título.

18-20054   CDD-658.514

Índices para catálogo sistemático:
1. Inovações tecnológicas: Administração de empresas   658.514

Cibele Maria Dias – Bibliotecária – CRB-8/9427

Sumário

Apresentação — 9
Como aproveitar ao máximo este livro — 12

CAPÍTULO 01
Introdução à gestão da tecnologia e inovação — 15
    Princípios da gestão da tecnologia e inovação — 17
    O que é tecnologia e inovação? — 19
    Como surgem as inovações? — 20
    Por que as inovações são importantes? — 23
    Propósitos da gestão da tecnologia e inovação — 26
    Tipos e níveis de inovação — 30
    O que são organizações ambidestras? — 46

CAPÍTULO 02
Formação de empresa inovadora — 59
    Líderes gerindo pessoas e conhecimentos — 62
    Exploitation × *exploration* — 67

Estratégias no contexto das inovações	72
Desenvolvimento de estratégia tecnológica	79
Aprendizado tecnológico	82
Barreiras organizacionais à inovação	85
Formação de cultura para inovação	91

CAPÍTULO 03
Tomada de decisão para inovação — 105
Papel da empresa na inovação	109
Novas capacitações e prioridades	111
Estrutura organizacional para inovação tecnológica	113
Funil de incerteza	120
Indicadores de inovação	122
Tomada de decisão para adoção de inovações	131
Gestão da tecnologia e inovação na empresa	134

CAPÍTULO 04
Análise ambiental da inovação — 145
Análise ambiental: micro e macroambiente	147
Criação de valor pela inovação	154
Propriedade intelectual e patente de inovação	159
Joint ventures e alianças para inovação	163
Sistema Nacional de Inovação	167
Políticas de ciência, tecnologia e inovação no Brasil	171
Retrato da atividade de inovação no Brasil	175

CAPÍTULO 05
Processo de planejamento da inovação — 183
Tendências de consumo e de comportamento e fontes de inovação	186
Visão geral do processo de inovação	192
Portfólio de projetos de tecnologia	198
Aquisição e transferência de tecnologia	201

Projetos globais, de risco e de melhoria de processos — 205
Hora da verdade: quando a inovação entra no mercado — 207
Obsolescência tecnológica — 210

CAPÍTULO 06
Desenvolvimento de produtos e de serviços inovadores — 217

O papel das pessoas no processo de inovação — 220
Equipes com alto envolvimento — 224
Características da atividade de pesquisa e desenvolvimento — 226
Regime de propriedade intelectual — 230
Registros e patentes tecnológicas — 232
Transferência de conhecimento e de tecnologia — 234
Tendências e perspectivas sobre inovação — 242

Para concluir... — 253
Referências — 255
Respostas — 263
Sobre os autores — 269

Apresentação

A HISTÓRIA DA administração é marcada por empresas inovadoras que modificaram a maneira como as pessoas consomem, utilizam e se relacionam com a tecnologia. Desde o uso de máquinas de escrever até os mais avançados robôs da chamada *indústria 4.0*, as transformações trouxeram não apenas aceleração no desenvolvimento tecnológico, mas também uma verdadeira inovação disruptiva na prática de gestão dentro das empresas.

Reunimos neste livro o que consideramos ser essencial nesse sentido, com várias porções de conhecimentos fundamentais a respeito de uma temática vasta e muitíssimo instigante, que, mais do que atual, é sobretudo atemporal. Com linguagem clara e associações entre conhecimento teórico e exemplos baseados em situações conhecidas, muitas vezes até corriqueiras, buscamos aproximar o estudante ou o profissional de administração de uma realidade impostergável: nenhuma organização sobrevive ou sobreviverá caso não empreenda esforços para inovar.

Na busca de vantagem competitiva e, por consequência, de liderança de mercado em um ambiente de concorrência voraz, em que tecnologias das mais variadas se multiplicam vertiginosamente, cada vez mais é exigida a percepção aguçada de gestores que precisam se cercar de informações e de conhecimentos mediante o trabalho entre equipes integradas e multidisciplinares, cujas pesquisas e desenvolvimento de bens e de serviços, em todas as instâncias da organização, atinjam os resultados esperados. Esses resultados, em geral, são geração de valor no sentido financeiro para a empresa, que renovará seu ciclo de investimentos em outras inovações, bem como valor alcançado pelo produto, na medida em que seja percebido como diferenciado pelos clientes consumidores.

No Capítulo 1, abordamos os princípios da gestão da inovação e tecnologia, como surgem as inovações, por que as inovações são importantes, os propósitos da gestão da tecnologia e inovação, os tipos de inovação, bem como o que são organizações ambidestras.

O Capítulo 2 aborda o papel do líder ao gerir pessoas e conhecimentos, os conceitos de *exploitation* e *exploration* e a sua importância no processo de inovação da empresa, bem como as estratégias no contexto das inovações. Adicionalmente, esse capítulo trata do aprendizado tecnológico, das barreiras organizacionais à inovação e da formação da cultura para a inovação.

No Capítulo 3, identificamos o papel da empresa na inovação, suas capacidades e prioridades, bem como a estrutura organizacional que favorece o processo de inovação tecnológica. Além disso, serão apresentados o funil da incerteza, os indicadores de inovação e o processo de tomada de decisão para a adoção da inovação.

O Capítulo 4 aborda a análise ambiental da inovação, abrangendo o micro e o macroambiente, com a apresentação da proposta de criação de valor pela inovação, a propriedade intelectual, a patente da inovação, o conceito de *joint-venture* e as alianças para a inovação. Além disso, esse capítulo apresenta o sistema nacional de inovação no Brasil, as políticas de ciência, tecnologia e inovação e o retrato da atividade de inovação no país.

No Capítulo 5, apresentamos as tendências de consumo e de comportamento como fontes de inovação, trazendo uma visão geral desse processo, o portfólio de projetos de tecnologia, bem como processos de aquisição e transferência de tecnologia nas empresas. Por fim, o capítulo expõe uma visão de projetos globais, de risco e de melhoria de processos.

O Capítulo 6 trata do papel das pessoas no processo de inovação, destacando as características de equipes de alto desempenho e da atividade de pesquisa e desenvolvimento. O capítulo ainda apresenta o regime de propriedade intelectual, o processo de transferência de conhecimento e de tecnologia, bem como tendências e perspectivas sobre inovações, com uma apresentação sobre a Indústria 4.0.

A todo momento estabeleceremos diálogos, faremos perguntas, instigaremos conclusões pessoais. Logo, embora a elaboração deste livro tenha contado com o precioso contributo de expoentes da temática, cada qual com seu ponto de vista, entendemos ser essencial assimilar os conteúdos e os enriquecer com suas próprias percepções e pesquisas. Por conseguinte, não se contente apenas com o conteúdo que oferecemos; busque aprofundamento, vá além – as referências bibliográficas o auxiliarão.

Agradecemos por poder fazer parte de sua caminhada e desejamos bons estudos!

Como aproveitar ao máximo este livro

Este livro traz alguns recursos que visam enriquecer o seu aprendizado, facilitar a compreensão dos conteúdos e tornar a leitura mais dinâmica. São ferramentas projetadas de acordo com a natureza dos temas que vamos examinar. Veja a seguir como esses recursos se encontram distribuídos no decorrer desta obra.

Conteúdos do capítulo:
Logo na abertura do capítulo, você fica conhecendo os conteúdos que nele serão abordados.

Após o estudo deste capítulo, você será capaz de:
Você também é informado a respeito das competências que irá desenvolver e dos conhecimentos que irá adquirir com o estudo do capítulo.

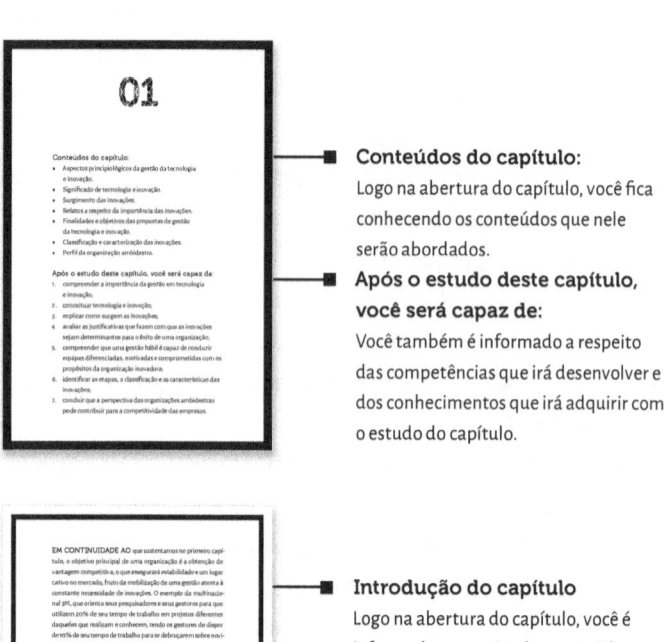

Introdução do capítulo
Logo na abertura do capítulo, você é informado a respeito dos conteúdos que nele serão abordados, bem como dos objetivos que o autor pretende alcançar.

■ Estudo de caso
Esta seção traz ao seu conhecimento situações que vão aproximar os conteúdos estudados de sua prática profissional.

■ Síntese
Você dispõe, ao final do capítulo, de uma síntese que traz os principais conceitos nele abordados.

■ Questões para revisão
Com estas atividades, você tem a possibilidade de rever os principais conceitos analisados. Ao final do livro, o autor disponibiliza as respostas às questões, a fim de que você possa verificar como está sua aprendizagem.

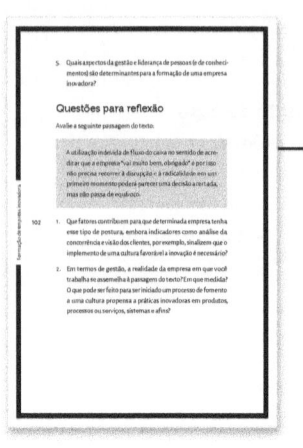

■ Questões para reflexão
Nesta seção, a proposta é levá-lo a refletir criticamente sobre alguns assuntos e a trocar ideias e experiências com seus pares.

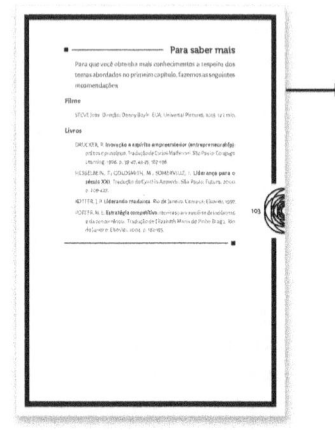

■ Para saber mais
Você pode consultar as obras indicadas nesta seção para aprofundar sua aprendizagem.

01

INTRODUÇÃO À GESTÃO DA TECNOLOGIA E INOVAÇÃO

Conteúdos do capítulo:

- Aspectos principiológicos da gestão da tecnologia e inovação.
- Significado de tecnologia e inovação.
- Surgimento das inovações.
- Relatos a respeito da importância das inovações.
- Finalidades e objetivos das propostas de gestão da tecnologia e inovação.
- Classificação e caracterização das inovações.
- Perfil da organização ambidestra.

Após o estudo deste capítulo, você será capaz de:

1. compreender a importância da gestão em tecnologia e inovação;
2. conceituar tecnologia e inovação;
3. explicar como surgem as inovações;
4. avaliar as justificativas que fazem com que as inovações sejam determinantes para o êxito de uma organização;
5. compreender que uma gestão hábil é capaz de conduzir equipes diferenciadas, motivadas e comprometidas com os propósitos da organização inovadora;
6. identificar as etapas, a classificação e as características das inovações;
7. concluir que a perspectiva das organizações ambidestras pode contribuir para a competitividade das empresas.

É POSSÍVEL QUE você já tenha notado que a tecnologia está presente em sua vida desde a hora em que seu *smartphone* toca o despertador pela manhã até o momento que você retorna para casa após um dia intenso de trabalho. Durante esse período, após levantar-se da cama, muitos ligam a cafeteira, tomam um delicioso banho com chuveiro elétrico, vão de carro para o trabalho, sentam-se à frente de um computador e, quando se dão conta, mais um dia se passou.

Segundo a inevitável lógica da evolução, a inovação e a tecnologia são elementos propulsores da humanidade, frutos de habilidades fundamentais e que estão intrinsecamente ligados a nossa existência; não sobreviveríamos a tantos milênios se não tivéssemos capacidade criativa e a convertêssemos em inovações. Não existe inovação sem tecnologia e ambas se complementam. Inovação é mudança e avanço tecnológico.

Princípios da gestão da tecnologia e inovação

Com base na literatura que inspirou a produção desta obra – o primeiro capítulo de Tidd, Bessant e Pavitt (2008) –, elencaremos alguns princípios e pontos de partida que consideramos fundamentais para o início da compreensão acerca da gestão da tecnologia e inovação.

A gestão da tecnologia e inovação compreende:

- liderar estratégica e corajosamente, com atenção aos sinais internos (da organização) e externos (múltiplos, não apenas de outras organizações);

- perceber que inovar é algo difícil, mas indispensável, a fim de que seja mantida a sustentabilidade da empresa em longo prazo;
- entender que o emprego das inovações tecnológicas precisa ser traduzido em valor, no sentido financeiro, ao propiciar fortalecimento e estabilidade para a organização, bem como não financeiro, quanto à percepção e à satisfação do cliente/consumidor;
- efetuar gestão de diferentes tipos de conhecimentos e seus agentes, em um contexto cada vez mais integrado devido às tecnologias de informação e comunicação (TIC) existentes;
- criar uma cultura organizacional que incentive internamente ações empreendedoras, inovativas e colaborativas, fomentando o compartilhamento de ideias e recursos;
- mudar modelos de negócio tanto quanto de produto, buscando sempre um novo público-alvo;
- aceitar os riscos e as incertezas afeitos aos processos de inovação tecnológica, considerando que a organização deverá provisionar recursos para esse fim, seja para inovações contínuas, seja para inovações descontínuas;
- obter vantagem competitiva e defender a posição estratégica da organização no mercado por meio da criação de produtos e de serviços inovadores que ofereçam uma proposta diferenciada e tragam mais valor percebido para o consumidor.

Gerir processos de inovação tecnológica é administrar conhecimentos com vistas a reduzir as incertezas que fazem parte do jogo (Tidd; Bessant; Pavitt, 2008). Aí reside o aspecto mais singular do desafio: o equilíbrio obtido mediante recursos, investimentos e gestão hábil, ou seja, entre o que é tecnologicamente atraente para o mercado e financeiramente viável para a organização.

O que é tecnologia e inovação?

Inovar pode ser criar algo totalmente novo, como no clássico exemplo da roda, que precisou de determinada tecnologia para dar formato arredondado a um bloco de pedra, algo inédito à época. A partir daí, muito tempo depois, alguém teve a ideia de transformar um trenó em um veículo com rodas, por exemplo. Perceba: o trenó já havia sido criado e foi aperfeiçoado com a inserção das rodas, uma inovação, uma modificação potencial àquele aparato, mediante o emprego de técnicas, processos e meios que proporcionaram um aprimoramento do produto de acordo com a tecnologia empregada.

Todavia, a possibilidade de criarmos algo inédito é baixa. Descobertas como a máquina a vapor, a lâmpada e a energia nuclear são genuínas e se constituem como autênticos divisores de água para os setores nos quais atuam. São acontecimentos famosos que definem um antes e um depois e representaram um marco na história. Com isso, desejamos informar a você que o assunto deve ser tratado de maneira contextualizada e segundo a ótica da gestão, levando em consideração os dias da era da informação na qual vivemos e, naturalmente, a visão de mercado (econômica), que dita relações de importância, utilidade e aplicação de tais tecnologias.

Quando nos referimos à inovação, apesar de trazer imediatamente a ideia de algo novo, não significa que estamos nos referindo a algo criado totalmente do zero. Uma inovação, na maioria das vezes, parte de uma ideia já desenvolvida e aplicada em um contexto que de alguma maneira foi aprimorada ou adaptada para um novo uso. Trabalhar com novas tecnologias, conforme

Tidd, Bessant e Pavitt (2008), é se deparar com modelos pré-estabelecidos, com famílias de produtos e de serviços que são renovados e reinventados inicial e incansavelmente em mesas de reunião repletas de ideias e, posteriormente, em laboratórios de pesquisa que colocam as ideias em prática.

Veremos adiante, com mais profundidade, que inovações tendem a acontecer a partir de algo conhecido e que vai ser aprimorado por meio de uma gama de conhecimentos orientados conforme determinada configuração ou processo tecnológico. Inovar tecnologicamente significa realizar um intenso trabalho de pesquisa que, invariavelmente, será imbuído de incertezas quanto ao êxito dos esforços empreendidos.

No ambiente organizacional, em grandes ou pequenas empresas, *inovar* é, sobretudo, não se acomodar nunca, sob pena de sofrer as consequências mercadológicas da obsolescência e da falta de resultados positivos.

Como surgem as inovações?

Não há como pensarmos no surgimento de inovações sem que haja um propósito, uma finalidade para que se empreendam esforços a fim de que elas se materializem e, é claro, cumpram sua função. Por mais simples e genérica que pareça essa observação, seria equivocado pensarmos diferente. Nesse sentido, gostaríamos de avançar um pouco mais e fazer a seguinte pergunta: De onde surgem as inovações?

Certamente chegaremos intuitivamente a algumas conclusões conectadas ao que abordaremos a seguir. O objetivo dessa provocação é exercitar um conhecimento já estabelecido, uma noção acerca do assunto; aquela percepção a respeito do tema que, em alguma medida, já conhecemos.

Inovações surgem a qualquer momento em mentes criativas, nos mais diversos lugares, por necessidade ou por acaso. Podem surgir por uma estratégia deliberada ou por acidente mediante as ricas trocas entre pessoas com habilidades e ideias diferentes. A Figura 1.1 é bastante ilustrativa quanto ao ponto em que queremos chegar.

Figura 1.1 – Surgimento de inovações

Além disso, a inovação pode surgir dentro de uma empresa que estimula a criatividade entre seus pesquisadores, podendo ser circunscrita a apenas uma empresa ou, como modernamente vem acontecendo, pelo intercâmbio entre várias empresas, em que as ideias fluem de uma para outra, ou por meio da compra de patentes. Ela também pode surgir como resultado de uma pesquisa encomendada por determinada empresa, organização governamental ou universidade. Logo, são vastas as origens das inovações, que invariavelmente poderão ser criativas, fortuitas e, em grande medida, experimentais – baseadas em pesquisa e desenvolvimento (P&D) ou na própria experiência da empresa.

Nesse sentido, Tidd, Bessant e Pavitt (2008) recomendam quatro fases devidamente estruturadas para se envidar esforços em algo novo, visando a uma nova trajetória, mergulhando-se em práticas de maior espectro e riscos ou dilemas:

1. Pesquisas de cenários internos, com a devida ênfase para o que está sendo desenvolvido no âmbito da organização, mas sem descuidar do que está acontecendo ao redor, externamente, procurando conhecer em que outras empresas dos mais variados segmentos têm investido em termos de novidades. Isso mesmo, no mais variado espectro, pois o fato de uma organização lidar com certos tipos de produtos não a impede de pensar e pesquisar tecnologias afeitas a novos bens completamente diferentes dos que ela produz. É o famoso "pensar fora da caixa", no sentido de caminhar para além do convencional, da repetição somente – veremos isso adiante com mais detalhamento.
2. Seleção estratégica de ações que tenham maior potencial de mercado.

3. Fornecimento de recursos necessários para o projeto interno selecionado, cujo andamento se dará por meio de P&D ou invento/tecnologia adquirido externamente.
4. Implementar a inovação, passo a passo, desde a ideia original até a concepção final para o mercado.

Enfim, é necessário refletir sobre todas as fases anteriores para se chegar a conclusões úteis acerca erros e de acertos sobre os processos visando ao aperfeiçoamento das futuras ações em uma perspectiva de análise de resultados e de aprendizado.

Por que as inovações são importantes?

As inovações no âmbito das organizações têm um objetivo elementar, que é a geração de vantagem competitiva para a empresa que investe parte de seu capital justamente para esse fim. Estudos indicam, conforme ensinamento de Burgelman, Christensen e Wheelwright (2012), que aproximadamente 5% da receita de uma empresa de alta tecnologia usualmente são aplicados em inovações tecnológicas. O mercado acena sempre com bons olhos para empresas que lançam novos produtos e há uma relação direta entre bom desempenho mercadológico e investimento continuado em novas tecnologias, fato comprovado constantemente por pesquisas empíricas.

As empresas que investem em pesquisas com o objetivo de explorar novas ideias e obter novas criações, notadamente impulsionadas pela altíssima concorrência de outras que atuam no mesmo ramo, visam, sem sombra de dúvidas, atribuir valor a seu produto. Isso pode gerar um efeito contagiante no cliente, usuário ou consumidor, que se sentirá valorizado por adquiri-lo, uma vez que foi desenvolvido mediante tecnologia de ponta: é diferenciado, bonito, prático, descolado, personalizado, entre tantos adjetivos que podem qualificar novidades. O cliente pagará por esse novo produto o que o mercado determinar.

Agora pense em algo que o agrade muito, que você já tem ou deseja ter, algo emblemático para os dias atuais, que seja inovador, prático, portátil e com recursos tecnológicos singulares. Não estranharíamos se aquilo em que você pensou pertencesse a uma famosa empresa cujo símbolo e nome (em inglês) fosse o mesmo que o do selo fonográfico que cuida da obra dos Beatles ou tivesse o mesmo nome (também em inglês) daquela fruta que fez a Branca de Neve cair em sono profundo após a primeira e única mordida.

Queremos chamar atenção para o fato de que, para uma empresa ou marca se manter sólida e sustentável, é necessário inovar constantemente, avançar tecnologicamente e, em muitos casos, tornar-se um verdadeiro objeto de desejo dos consumidores e uma referência dentro de seu segmento. Todavia, o caminho a seguir pode ser algo completamente imprevisível por conta de uma série de fatores, como as questões de aceitação do produto no mercado, a viabilidade econômica da inovação e o impacto dela como negócio da empresa. É a essa conclusão que chegamos quando afirmamos que inovar pode acabar sendo um dilema necessário, nada fácil, mas indispensável (Christensen, 2012).

Reforçamos que a obtenção de vantagem competitiva é a principal justificativa para investimentos em inovações tecnológicas, quase sempre com alto grau de risco. Assim, algumas perguntas que invariavelmente rondarão a cabeça de um gestor envolvem **como**, **quando** e **por que** trazer inovações para o mercado.

Ter uma visão além do alcance é um elemento fundamental para que uma grande organização não incorra em erros como aqueles cometidos pela IBM e pela HP[1] ou mesmo pela Kodak – esta última que, a despeito de ter sido uma referência mundial em produção de câmeras, de filme e de revelação de fotografias, recusou-se a investir em tecnologia digital quando as primeiras concepções a respeito surgiram.

Empresas inovam para conseguir obter vantagem estratégica perante o mercado no qual atuam, uma vez que novos produtos e serviços possibilitam crescimento, estabilidade e geração de maiores lucros em um movimento espiral contínuo. Lucra-se para manter-se no topo, investindo constantemente em pesquisas e desenvolvimento de novos produtos e serviços para, além de se consolidar perante os consumidores fiéis, conseguir conquistar novos clientes.

Além disso, as inovações têm uma grande importância social, uma vez que podem gerar empregos e aumento de renda para os colaboradores e, consequentemente, estimular a economia e proporcionar aumento na qualidade de vida das pessoas. Tudo isso associado à crescente preocupação de evoluir tecnologicamente em bases sustentáveis, preservando ao máximo o meio ambiente (Stadler; Maioli, 2012).

---

[1] Com belas ideias e um protótipo inédito de computador pessoal, Stevie Jobs e Stevie Wozniak bateram à porta de gigantes como IBM e HP a fim de que elas produzissem em larga escala seu marcante computador, porém os jovens não foram levados em consideração. O ponto-chave do exemplo é o fato de o novo invento estar voltado para um público diferente daquele para os quais as gigantes mencionadas estavam habituadas a produzir. O fim da história desses dois gênios todo mundo conhece: houve a ruptura e surgiu outra gigante não só do segmento de computadores, mas também de diversos itens de uso pessoal, como *notebooks*, *smartphones*, *players* de áudio e vídeo, entre outros muitíssimo desejados.

Propósitos da gestão da tecnologia e inovação

Inovar é importante, mas saber gerir processos integrados de produção, além de desafiador, é vital para o êxito de uma organização. Um gestor hábil é capaz de conduzir equipes diferenciadas, motivadas e comprometidas com os propósitos da organização, envolvendo-as de tal modo no processo de inovação que interajam positivamente entre si, o que não é algo fácil de se conseguir.

A gestão integrada e o emprego da expressão *gestão*, embora no singular, têm sentido plural, pois o termo é amplo e se refere a gestores e a seus departamentos. É o ponto-chave em processos dos quais muitos indivíduos fazem parte, nos quais há diversas etapas e prazos normalmente enxutos e, sobretudo, um objetivo principal: a busca do **melhor resultado** possível.

Desafios da gestão em tecnologia e inovação

A gestão em inovação e tecnologia envolve o intercâmbio de equipes com conhecimentos multidisciplinares e diferentes. Mas que diferenças são essas e em relação a que? Trata-se de equipes com foco no desenvolvimento de **produto** e em pesquisa mediante ideia selecionada; **processo** ou desenvolvimento, propriamente; **posição** em relação à finalidade e ao direcionamento do bem ou do serviço desenvolvido; e **paradigma** quanto ao impacto do produto no mercado, conforme perspectiva dos 4 Ps da inovação, sobre o que veremos mais à frente. Caso você não conheça o termo, não se preocupe, aprofundaremos seu significado mais à frente; o que importa é sabermos que tais fases contemplam a atuação de equipes em diversas atividades, desde as laboratoriais até as de *marketing*.

Redes conectadas de trabalho

Você já ouviu falar em redes conectadas de trabalho? É uma realidade em termos de operações e gestão, bastante atual e desafiadora (Figura 1.2). É como muitas multinacionais operam, mediante células em diferentes partes do Globo, o que permite atingir expedientes de 24 horas por dia graças às diferenças de fuso horário das localidades onde seus funcionários trabalham, em contexto de integração. Tal modelo se deve ao grande avanço no terreno das TICs, que provocaram uma revolução na maneira como as empresas criam, pesquisam, desenvolvem, atuam e lançam novos produtos no mercado, uma vez que possibilitaram a redução das distâncias e a integração de inteligências dentro e fora das empresas.

Figura 1.2 – Redes conectadas de trabalho

Toria/Shutterstock

Empresas de todos os portes utilizam a internet (mídias sociais, *softwares* e outras plataformas digitais) para desenvolver seus projetos e os comercializar, bem como para ter acesso a novas ideias e tecnologias. Entretanto, nem sempre o alcance ilimitado proporcionado pela internet, somado a inúmeras possibilidades advindas de tecnologias da informação, pode significar garantia de êxito ou mesmo de competitividade no dramático campo dos avanços em inovações e tecnologia (Tidd; Bessant; Pavitt, 2008).

Além disso, é importante salientarmos que a cultura das redes conectadas de trabalho, naturalmente, não se restringe às grandes empresas, adequando-se bastante à realidade de pequenas empresas que investem na qualidade de seus produtos mediante trocas obtidas por meio de redes estabelecidas com outras empresas e pessoas dos mais variados segmentos.

Rotinas na gestão da inovação

A existência de rotinas quanto a processos produtivos no âmbito de uma empresa está relacionada com a maneira como as coisas são feitas, conforme entendimento de Tidd e Bessant (2015). Os autores trazem um importante contributo no que diz respeito ao assunto:

> *No contexto da gestão da inovação, pode-se perceber no desenvolvimento de competências o mesmo relacionamento hierárquico que existe ao se aprender a dirigir. Competências centrais são comportamentos associados a habilidades como planejamento, gerenciamento de projetos ou avaliação de necessidades do consumidor. Essas rotinas simples precisam ser integradas com habilidades mais amplas que, juntas, constituem a capacidade da organização de gerenciar a inovação.*
> (Tidd; Bessant, 2015, p. 78)

Logo, não se trata de falar de rotinas no sentido de que são inalteráveis ou estáticas, e sim modificáveis e evolutivas. Como um exemplo bastante instrutivo, podemos citar o indivíduo que é orientado e aprende a dirigir; com o passar do tempo, ele adquire prática e se torna mais hábil ao conduzir seu veículo e a lidar com o trânsito. Assim, rotinas são mais do que mera repetição quando vistas como a maneira de se fazer as coisas; trata-se de aprendizado e de aperfeiçoamento contínuos, alinhados com o propósito da organização inovadora.

Figura 1.3 – Gerindo e aperfeiçoando rotinas de trabalho para inovar com eficiência

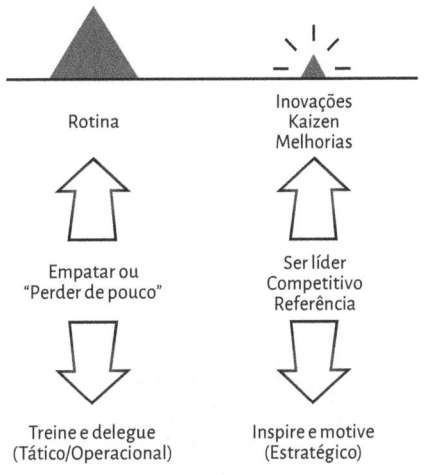

Um importante aspecto que envolve a atividade de gestão da tecnologia e inovação é a obtenção de bons mecanismos de identificação de sinais relevantes que surjam em diversas oportunidades a serem incorporados às rotinas das equipes. Por fim, desafios como a criação de uma cultura voltada para processos inovadores na empresa, bem como a formação de equipes com profissionais qualificados, comprometidos e habilitados para analisar tendências de mercado, hábitos e comportamentos dos potenciais consumidores, de forma a criarem inovações que sejam economicamente viáveis e mercadologicamente competitivas, serão assuntos abordados com profundidade nos próximos capítulos deste livro, em função de sua importância.

Tipos e níveis de inovação

Afinal, quais são os diferentes tipos de inovações? Neste tópico, abordaremos esse assunto iniciando pelos chamados *4 Ps* da inovação, com base na proposta de Tidd, Bessant e Pavitt (2008): produto, processo, posição e paradigma.

Figura 1.4 – 4 Ps da inovação

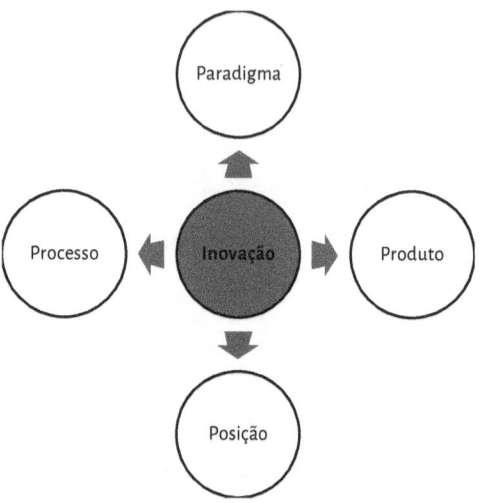

Fonte: Elaborado com base em Tidd; Bessant, 2015.

A Figura 1.4 indica um círculo central como espaço para a inovação, em torno da qual se encontram os 4 Ps. No entanto, pedimos toda atenção para os demais tipos que virão na sequência, pois o que explicaremos a respeito deles tem relação direta com o que propõe os 4 Ps, sobretudo ampliando o campo de visão a respeito do assunto.

Inovação de produto

Em sentido literal, diz respeito às modificações relativas ao objeto, ao bem, ao produto ou ao serviço que é desenvolvido por determinada empresa. Pense um pouco sobre isso e talvez você conclua que são inúmeros os produtos que passam por modificações e melhorias. Por exemplo, um novo modelo de telefone celular que substitui o anterior, cujas funções principais são mantidas, ou o lançamento de um novo sabor de chocolate cuja marca já está consolidada há muito tempo no mercado.

Inovação de processo

A inovação de processo visa alterar os meios, a maneira de se elaborar um produto e oferecê-lo ao cliente ou consumidor. Internamente (na fábrica), melhora-se o modo, as fases de concepção do bem e também o modo de administrar a produção. Pelo fato de as inovações atingirem tanto bens quanto serviços, é importante mencionarmos que pode haver situações nas quais exista uma combinação, uma complementação entre os dois tipos de inovação (produto e processo), em que ambas ocorram para fins de obtenção do resultado almejado. Por exemplo, um novo plano de saúde pode conter ambas as inovações.

Inovação de posição

Novamente, utilizaremos a literalidade para abordar a inovação de posição. Nesse caso, significa retirar determinado bem ou produto de um lugar e colocá-lo ou disponibilizá-lo ao cliente ou consumidor em outro. É dar a ele uma finalidade distinta daquela para a qual foi inicialmente criado. Mais uma vez instigamos você a pensar um pouco e a tentar enxergar algo que nasceu com um propósito e acabou servindo para outra finalidade.

Um emblemático exemplo de inovação de posição é nada mais, nada menos, do que um dos refrigerantes mais populares do mundo. Não precisamos dizer qual é a marca, não é? Originalmente concebido para fins medicinais como remédio para dor de cabeça, tornou-se um fenômeno mundial a partir do momento em que o Dr. John Pemberton resolveu dar uma nova destinação a ele, que passou a ser uma bebida refrescante[2].

Inovação de paradigma

A inovação de paradigma é algo mais profundo, mais abrangente e que tende a envolver fatores relativos à realidade da organização no que diz respeito a seus produtos, processos e posição (modelo "mental" da empresa) e também à sociedade, que sentirá o impacto desse desenvolvimento. É praticamente uma revolução quanto aos efeitos que gera, alterando a realidade antes existente, elevando-a a outro nível.

---

2   Nota explicativa: Caso você queira saber um pouco mais sobre isso, visite: DW. **1886**: inventada a Coca-Cola. Disponível em: <http://www.dw.com/pt-br/1886-inventada-a-coca-cola/a-833976>. Acesso em: 20 jun. 2018; THE COCA-COLA COMPANY. **Crônicas da Coca-Cola**: nasce uma ideia refrescante. 31 dez. 2011. Disponível em: <http://www.cocacolabrasil.com.br/historias/cronicas-da-coca-cola-nasce-uma-ideia-refrescante>. Acesso em: 20 jun. 2018.

Um paradigma é um modelo, um referencial, um padrão seguido em sentido amplo quanto à vida. Logo, uma alteração de paradigma causada pelos efeitos de uma inovação tecnológica implica repensar um modelo e também a maneira como enxergamos as coisas que acontecem ao nosso redor.

Um bom exemplo é a revolução pela qual passou o sistema de telefonia no Brasil. Até o início dos anos de 1990, havia um número restrito de linhas a custo absurdo. Uma minoria da população era favorecida e tinha a possibilidade de adquirir uma linha telefônica, que era até mesmo um investimento em ações. Após a ampliação da rede mediante concessões, houve investimentos por parte das empresas que assumiram o setor e, pela lógica, um crescimento sem limites, o qual se estendeu posteriormente para a telefonia móvel.

Não queremos adentrar o espinhoso campo das questões ideológicas ou políticas, já que tal processo ocorreu à base de privatizações, mas entendemos que o exemplo é bastante didático e paradigmático, pelo impacto que gerou no que diz respeito à constatação do antes e depois dos investimentos em tecnologia e inovação que propiciaram linhas fixas e móveis, indistintamente. A realidade dos brasileiros saltou de um padrão para outro, e hoje podemos dizer que o consumidor brasileiro de serviços de telefonia tem mais opções de empresas e de serviços que inovam e trazem uma oferta de serviços muito mais completa do que antes do processo de mudança no setor.

Inovação incremental, contínua e descontínua

Seria ótimo se nosso empreendimento, de acordo com o modelo de negócio, permanecesse sólido, estável e lucrativo, de preferência para sempre. Assim, asseguraríamos nosso lugar no mercado e, naturalmente, conforme o propósito de nossa organização, buscaríamos a manutenção da solidez sem necessariamente crescermos (no caso de uma pequena e pouco ambiciosa empresa) ou almejaríamos crescer ganhando mais clientes ou consumidores.

Sentimos informar que essa visão estará ultrapassada caso não leve em consideração que as inovações incrementais, contínuas e descontínuas, são inevitáveis e que as mudanças certamente acontecerão e mudarão a forma como consumimos, compramos e nos relacionamos com diferentes produtos e serviços. Se a empresa não tiver uma visão clara e proativa em direção a esse processo de mudança, não haverá vantagem competitiva para o negócio.

Essa é mais uma situação de mesmice do que exatamente de estabilidade, conforme o real propósito das inovações. É impensável manter um negócio estático, um produto pouco inalterado e ao mesmo tempo de sucesso e com estabilidade, tendo em vista a atual dinâmica de mercado. Queremos afirmar, com isso, que inovação é sobretudo aperfeiçoamento, melhoria contínua e planejamento tanto de produtos quanto de processos e de posições. Nesse caso, as inovações são incrementais na maioria absoluta dos casos e em todos os setores da economia.

As principais características da inovação **incremental** são:

- ocorrer por meio de regras claramente entendidas;
- poder ocorrer em processos, produção, produtos e serviços;
- continuar melhorando, acrescer;
- ter inovação incremental e contínua ligadas;
- pode seguir caminhos diversos e incertos, superando a ideia inicial de aperfeiçoamento e remodelamento apenas – diante desse quadro poderá surgir ou iniciar a descontinuidade.

A inovação **contínua**, que confere estabilidade envolvendo os 4 Ps, está relacionada ao que Tidd, Bessant e Pavitt (2008) conceituam como fazer melhor o que já se sabe fazer. Tal afirmação alude a ideia de uma continuidade com certo grau de certeza, com senso de previdência ou de precaução quanto aos riscos que a organização pode correr, mas não deseja correr. Logo, podemos concluir que a empresa que tem esse perfil deve ser pouco afeita aos indicativos de mercado, assim como aos movimentos necessários em relação aos processos de inovação tecnológica, que, inobservados interna e externamente, podem ser causadores de sua própria ruína.

Consequentemente, para um bem ou serviço se manter estável no mercado, em condições de competitividade e sustentabilidade dele próprio e da organização na qual é desenvolvido, sofrerá atualizações, melhorias, diferenciação, customização, entre outros ajustes. As inovações pelas quais poderá passar serão incrementais, contínuas e até mesmo descontínuas. A Figura 1.5 remete à ideia de trajetória para esses tipos de inovação.

Figura 1.5 – Trajetória das inovações: incremental por natureza, contínua e descontínua

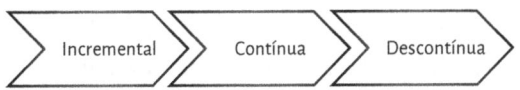

Algumas características das inovações **descontínuas**, segundo Tidd, Bessant e Pavitt (2008), são:

- surgimento de um bem completamente novo ou de conclusões provenientes de condições profundamente alteradas de pesquisa;
- possibilidade de alterar todas as regras do jogo;

- motivação pelo desejo de a organização fazer algo diferente;
- possibilidade de incorrer na chamada "destruição criativa" em busca de novas condições e processos na procura por novos mercados.

Isso tudo mesmo que haja incerteza quanto à eficácia da inovação e ao resultado almejado.

Você conhece um dos ancestrais da caneta moderna? A pena, cuja ponta era mergulhada em tinta para depois deslizar sobre o papel, dava forma a uma escrita que era quase uma obra de arte. Ao fim, passava-se o mata-borrão para o devido acabamento; caso contrário, o papel ficava todo manchado. Devido a diversas inovações de continuidade, esse artefato rudimentar evoluiu para a caneta esferográfica dos dias atuais e, mesmo tendo esse estilo, formato e funcionamento há décadas, continuará sofrendo alterações, seja quanto à composição de sua tinta, seja quanto à sua tampa, à espessura da escrita ou ao material de que é fabricada[3]. Talvez os mais velhos se lembrem de que a ponta da tampa da caneta mais conhecida de todas há cerca de duas décadas não era aberta, e sim fechada.

No momento em que alguém teve a ideia de criar um novo utensílio que fosse uma evolução da pena e que, após pesquisas e desenvolvimento, tornou-se a caneta esferográfica, houve uma mudança considerável na maneira como estávamos habituados a comprar e utilizar esse objeto. A noção de continuidade tomou um novo rumo, um direcionamento diverso daquele mais previsível e que consistia apenas em atualizar e fazer melhorias. É aí que reside a descontinuidade, em uma espécie de lacuna entre o velho e o novo: um desafio que pode ou não dar certo, que ultrapassa a fronteira de um procedimento conhecido em termos de

---

3 Inovações que alcançam componentes de um produto ou serviço são chamadas de *arquiteturais*.

avanço no desenvolvimento do produto. Transformar a pena em caneta, à época, significou inovar em alto nível, descontinuando o processo anterior, partindo para outro totalmente novo, ao passo que a finalidade do produto continuou sendo a mesma: escrever e fixar a escrita no papel com tinta.

Inovações contínuas e descontínuas podem coexistir, tanto que a descontinuidade pode ser ocasional e eventualmente surgir entre uma lacuna e outra dentro do processo de inovação contínua. Por outro lado, a descontinuidade também pode ser fruto da análise dos sinais de mercado e do consequente investimento em uma nova forma de melhoria do produto mediante um processo que se desconhece em parte ou no todo, mas que se espera que dê certo e consiga atingir os resultados almejados (Tidd; Bessant; Pavitt, 2008).

Assim, é preciso apostar nas possibilidades que provêm das lacunas, dos indicativos da concorrência, de novas ideias, procurando desenvolvê-las por meio de novas tecnologias. É o novo parecido com o velho que surge, mas com novas e até inéditas funcionalidades, ganhando mais mercado e, ao mesmo tempo, forçando o velho a se renovar, sob pena de arcar com as consequências da não ousadia.

Velha é a organização que não consegue ultrapassar a fronteira da mesmice, da repetição, que não assume maiores riscos para além do limite preestabelecido, que não tenta desconstruir seus processos por meio de tecnologias e processos diferentes ou mesmo em função de ideias próprias que foram engavetadas e que também não levam em consideração a necessidade de uma gestão inovadora, conforme a lógica da descontinuidade. Assim, uma organização normalmente afeita apenas aos processos de inovação contínua, após se sentir ameaçada ou mesmo sob necessidade premente de dar maior grau de inovação a seus bens e serviços, pode partir para a imitação de seus concorrentes ou efetuar tentativas desesperadas de fazer uso das tecnologias daqueles que trouxeram uma proposta de inovação descontínua. Mesmo assim, ficar para trás será inevitável. A curva de aprendizagem é mais generosa com quem investe tempo e dinheiro em pesquisas e novos resultados, está atento aos sinais adjacentes e ousa estando ciente dos riscos e também dos ganhos que podem ser obtidos.

Essa passagem não se trata de uma crítica às organizações mais afeitas às inovações contínuas se comparadas às empresas que adotam uma gestão mais voltada para as inovações descontínuas, pois muitas delas são estáveis no mercado. Nossa intensão é fazer comparações e demonstrar os desdobramentos tanto de uma quanto de outra escolha, até porque optar pela descontinuidade é também buscar estabilidade em meio ao mundo corporativo, no qual a competitividade e a busca por novos mercados são incansáveis.

Até aqui podemos perceber os seguintes aspectos:

- a esmagadora maioria das inovações é incremental;
- a descontinuidade pode ser decorrência de uma alteração que acontece durante um processo de inovação contínua;
- tal descontinuidade pode ocorrer em função da devida atenção que a organização dá aos sinais internos e especialmente externos quanto ao surgimento de novas tecnologias;
- é preciso provisionar recursos para investimentos em novas tecnologias, inclusive descontínuas, com a devida ciência dos riscos e das incertezas inerentes;
- "sair da caixa" é necessário para se manter vivo no voraz e extremamente competitivo mercado.

A abordagem dos tipos de inovação, segundo Tidd, Bessant e Pavitt (2008), traz subdivisões nem sempre trabalhadas por outros autores da área. Há autores que dividem as inovações apenas em incrementais e radicais e aqueles que trabalham com três categorias: incrementais, disruptivas e radicais. A seguir, de acordo com os autores indicados, trataremos das demais categorias de inovações.

Inovação arquitetural, radical e disruptiva

Você já parou para pensar em como os diferentes tipos de inovação impactam nossa vida ou na variedade de inovações que os estudos organizacionais nos apresentam e que devem fazer parte das rotinas das empresas inovadoras? Pois bem, continuaremos nossas abordagens tratando das inovações arquitetural, radical e disruptiva.

Arquitetural

A inovação arquitetural envolve o aprimoramento de determinados mecanismos que compõem estruturalmente um bem ou produto. Para que se concretize, necessita de indivíduos com competências diferentes e bem delineadas, que sabem que o produto objeto de aprimoramento funciona mediante ações integradas entre seus componentes. Pesquisas de desenvolvimento para esse fim precisam levar em consideração que uma eventual desarmonia entre os componentes que são melhorados tecnologicamente pode afetar a arquitetura geral do produto ou do serviço.

Um exemplo desse tipo de inovação pode, mais uma vez, ser encontrado em uma simples caneta esferográfica, cuja arquitetura (estrutura e componentes) é formada de ponta esferográfica, tinta, tubo de tinta, corpo ou tubo e tampa, além de outras pequenas partes. Na primeira vez que citamos a caneta, mencionamos que os mais velhos devem se lembrar que a tampa da caneta mais famosa do mundo há tempos não era aberta, e sim fechada. Esse é um exemplo de inovação de arquitetura, que, segundo o entendimento dos pesquisadores da empresa fabricante, melhorou o funcionamento do produto. Podemos dizer que foi uma inovação incremental arquitetural.

Uma inovação de arquitetura pode envolver também o funcionamento de todos os equipamentos que atuem de modo combinado mediante um comando centralizado. Trata-se de inovação de sistema – de um sistema que opera os equipamentos que funcionam em conjunto. Tal inovação é considerada algo complexo porque envolve aspectos diversos relacionados aos produtos. Como exemplo, podemos pensar em uma sala inteligente em casa, onde tudo funcione de maneira integrada. Chegamos, e com um simples comando de voz, ligamos a luz e regulamos sua intensidade; ligamos a TV e colocamos em nosso canal favorito; e, por fim, solicitamos que o aparelho de ar-condicionado seja acionado e ajustado para a temperatura pré-programada no sistema.

Para que haja um harmônico e perfeito funcionamento dos componentes dessa sala, são necessários uma tecnologia que os acione e um *software* ligado a um computador programado e controlado pelo dono, por exemplo. Nesse caso, quando pensamos no sistema que gerencia o funcionamento dos componentes de luz, TV e ar-condicionado, estamos falando de ***inovação de sistema***.

Radical
Inovação radical é aquela em que empresas investem com o intento de propor a criação de um produto totalmente diferente, seja dos que já estava afeita a desenvolver e notabilizou, seja em função de seu desejo por lançar algo totalmente novo no mercado.

Há casos de empresas que surgiram se voltando para a produção de determinado tipo de produto e mercado, mas que se afastaram totalmente de suas origens a partir do momento em que apostaram em inovações radicais e, por conseguinte, em produtos totalmente diferentes, visando à conquista de outros mercados.

Optar pela inovação radical significa assumir os riscos de uma mudança brutal para a organização, a qual poderá possibilitar a conquista de novos mercados, mas, por outro lado, também poderá destruir setores inteiros, uma vez que determinados bens podem deixar de ser produzidos e os movimentos intensificados no sentido da produção daqueles totalmente diversos. Um exemplo de organização que optou pela inovação radical é uma tradicional multinacional finlandesa de telecomunicações e tecnologia, a qual já deteve uma enorme fatia no mercado de telecomunicações com seus aparelhos celulares e que originalmente trabalhava com papel e celulose.

Disruptiva

Quanto à inovação disruptiva ou de ruptura, como a designa Christensen (2012), trata-se de como uma organização utiliza a tecnologia em seu necessário processo de mudança para se manter estável – mais do que isso, procurando atender a públicos para além daqueles que já conquistou. Muitas vezes, a liderança é perdida não apenas pela concorrência, mas pela dificuldade de enxergar **em que** e **como** devem ser empregados esforços em termos de inovações, a fim de ampliar o espectro de atuação da empresa.

Como já dissemos, é preciso elaborar estudos, conhecer os interesses de clientes variados, não apenas os que a organização já tem, aceitar ideias, desenvolvê-las e, mediante incertezas inerentes ao processo, buscar atingir resultados. Inovações disruptivas tendem a render resultados não muito expressivos imediatamente, o que tem pertinência com seu aspecto experimental e, sobretudo, que visa alcançar um público diferente. É um trabalho empírico, de paciência e de observação, mas absolutamente necessário.

A pedra de toque da inovação disruptiva é a busca de mercados com necessidades diversas e diferentes expectativas, levando em consideração o fato de que, muitas vezes, um bem ou serviço podem acabar superando em muito a expectativa do usuário em termos de funcionalidades. Logo, de que valeria entregar para o consumidor algo que tem um enorme número de funções se ele fosse incapaz ou não precisasse utilizá-las em sua totalidade? Esse é um dos questionamentos que envolvem esse tipo de inovação. Então, menor custo em termos de produção e processos, gerando um produto mais simples e satisfatório para novos ou mesmo para públicos conhecidos, tem uma ligação direta com a proposta de inovação disruptiva. É mais um desafio que se apresenta no universo vertiginoso das inovações como solução possível (Christensen, 2012).

Para fixarmos o entendimento a respeito disso, vamos a um exemplo bem simples, mas altamente válido. Uma empresa que fabricava e ainda continua fabricando talheres, copos e pratos plásticos para festas infantis, ao se deparar com um mercado saturado de concorrentes, concluiu que havia necessidade de ampliar seu espectro de clientes. Diante desse quadro, resolveu fazer algo bem simples e prático, entendendo que haveria mercado para isso. O produto desenvolvido seria, na prática, um derivado dos produtos que já eram desenvolvidos. Se você pensou naqueles mexedores de plástico ou colheres bem pequenas para mexer o cafezinho, acertou.

Atenta a novos mercados até mesmo por uma questão de sobrevivência, a empresa utilizou a tecnologia de que dispunha para buscar um novo público, com algo simples, viável e de baixo custo em termos de investimento, mas que trouxe um novo horizonte de possibilidade de negócios e mercados. O Quadro 1.1 sintetiza as principais informações a respeito dos tipos de inovação que abordamos.

Quadro 1.1 – Quadro geral das inovações incremental, contínua, descontínua, de arquitetura, radical e disruptiva

Incremental	Inovações são incrementais por natureza, aperfeiçoamentos.
Contínua	Inovar é um movimento contínuo.
Descontínua	Momento em que há mudança de rumos em relação ao planejado, seja em função de imprevistos, seja por ação deliberada.
Arquitetural	Inovação de componente integrante de determinado produto que compõe, com outros, uma estrutura.
Radical	Pode decorrer de uma descontinuidade ou nascer "do zero", mostrando-se totalmente nova.
Disruptiva	Fruto de descontinuidade, visa à obtenção de lucro a menor custo com produtos mais simples, normalmente derivados de outros mais complexos.

Inovação aberta e fechada

Todos os tipos de inovações dos quais falamos têm ligação direta com a proposta de inovação aberta ou fechada. Falar delas é o mesmo que pensar em uma via de mão dupla: é imaginar tecnologia que parte "de dentro para fora" ou "de fora para dentro" das organizações, respectivamente. Trata-se de algo bem simples, conforme percebemos e Chesbrough (2012) nos inspira nas linhas que seguem.

Começaremos pela inovação fechada, que é decorrente da pesquisa e do desenvolvimento que ocorrem (ou ocorriam) essencialmente no interior da organização. Trata-se de um procedimento clássico, antigo, se pensarmos nos dias de hoje, oriundo de um período em que pequenas ou grandes empresas tinham ideias e inventos muito próprios, inovando conforme a capacidade de gerir e conceber bens e serviços, atuando isoladamente ou por meio da compra de patentes e tendo todo o mérito decorrente de sua capacidade para inovar. Tal modelo exigia altos investimentos em equipe e em equipamentos, muita confiança no talento da organização e forte crença no dito popular: "Se quer benfeito, faça você mesmo".

O modelo de inovação fechada se tornou insustentável em função da onda de avanços – não apenas tecnológicos, mas também de funcionamento e de comportamento de empresas e de pesquisadores – que sacudiu o mundo no final do século XX, especialmente no fim dos anos de 1970 em diante. Em decorrência dessa mudança de perspectiva em relação aos 4 Ps é que a inovação aberta passou a tomar corpo.

Gradualmente, inovações baseadas em descobertas provenientes de pesquisas desenvolvidas por outras empresas foram sendo levadas em consideração e barreiras começaram a ser transpostas. Cada vez mais as organizações passaram a procurar informações externas a respeito de novas tecnologias e de produtos que pudessem propiciar vantagem competitiva. Nesse sentido, tornava-se necessário inovar em bens e em produtos e também quanto ao modelo de negócio, abrindo-se para novas possibilidades. O intercâmbio de informações e de conhecimentos passou a se tornar indispensável.

A contratação de manutenção de pesquisadores de alta envergadura passou a ser difícil e cara. Tecnologias e pesquisas anteriormente engavetadas passaram a acompanhar seus pesquisadores, que as levavam consigo para serem desenvolvidas em outras empresas. Foi nesse momento que surgiram as *startups*[4], que ganharam notoriedade a partir do fim dos anos 1990.

Em muitos casos, mesmo com poucos recursos, pesquisadores conseguiram desenvolver produtos e tecnologias por meio de experiências na garagem de casa ou em pequenas empresas. O número de *startups* aumentou consideravelmente e o conhecimento provindo de tais modelos de negócio passou a ser compartilhado e até mesmo procurado pelas grandes organizações. Diante desse quadro, o modelo de inovação fechada se tornou, se não totalmente esvaziado, incompatível com a modernidade. A equação demonstrada na Figura 1.6 remete a esse contexto.

Figura 1.6 – Junção das inovações fechada e aberta

Inovação fechada + Inovação aberta = Empresa inovando para "fora da caixa"

Em função disso, a gestão da inovação passou a ter amplos contornos, tendo de administrar conhecimentos interdisciplinares, inteligências de áreas diferentes, entre indivíduos atuantes em conjunto ou separadamente, mediante constituição de redes cada vez mais unidas pela tecnologia e ligadas essencialmente pela internet, em um moderno, complexo e integrado processo. Trata-se de uma lógica irreversível, pela qual especialmente as grandes organizações têm de passar para se manter competitivas e atribuir valor a seus produtos. O "radar" tem de estar sempre

---

4   *Startup* é a união de pessoas trabalhando com ideias diferentes, inovadoras e com perspectiva de grande crescimento, apesar do alto de grau de incerteza em relação ao sucesso dos produtos que se pretende desenvolver, essencialmente radicais ou disruptivos.

ligado e o bom gestor tem de estar atento a tudo o que pode ser uma boa oportunidade para seu negócio.

O que são organizações ambidestras?

Em uma perspectiva geral, podemos afirmar que gerir uma organização ambidestra e conseguir mantê-la estável conforme essa ótica é o maior desafio que um gestor pode assumir. Conforme propusemos em outros momentos, agora convidamos você a pensar um pouco e a tentar concluir, antes de passar para as próximas linhas, o que significa afirmar que uma organização é ambidestra.

Se você pensou em algo bem simples, como um jogador de futebol que tem habilidade para chutar e fazer gols tanto com a perna direita quanto com a esquerda, já iniciamos bem este tópico. Seria algo próximo disso. Uma organização ambidestra é aquela que consegue conferir equilíbrio a seus processos de inovação, combinando inovações continuada e descontinuada.

Lembramos que continuada é a inovação incremental por excelência, a qual tem por objetivo proporcionar a estabilidade da empresa no mercado a menor custo. Quanto à inovação descontínua, segundo nos ensinam Tidd, Bessant e Pavitt (2008), pode se tornar uma novidade em resposta a situações completamente alteradas, em alusão direta ao alto grau de incerteza pelo qual a empresa também tem de passar para conquistar estabilidade no mercado, sendo disruptiva ou mesmo radical[5].

---

5   Pode parecer haver um paradoxo nessa informação, mas não há. Esses dois tipos de inovação propõem o mesmo, mas a inovação contínua obviamente é bem menos complexa que a descontínua pelo fato de esta conter alto grau de incerteza quanto a ser aceita ou não pelo mercado.

É justamente nesse ponto que reside a complexidade de se gerir uma organização ambidestra. Significa afirmar que uma empresa que oferece com solidez variada uma gama de bens e serviços, ao mesmo tempo em que precisa se desdobrar para continuar mantendo seu posto com inovações incrementais em seus produtos tradicionais, que podem ser o carro-chefe da marca, por exemplo, não pode esquecer que precisa mobilizar recursos internos (capital de risco) em novos e diferentes projetos ou produtos[6]. A Figura 1.7 representa uma organização que congrega processos que envolvem tanto continuidade quanto descontinuidade em inovações.

Figura 1.7 – Elementos da organização ambidestra

```
                Organização
                ambidestra
               /           \
              ↓             ↓
        Inovação          Inovação
   descontínua/radical   contínua/incremental
      e disruptiva
```

Ser uma organização ambidestra significa, sobretudo, lidar com duas realidades, sendo conservadora e eficaz no que já produz, mas sempre buscando algo completamente novo e obtendo êxito mediante constante atenção aos sinais do mercado e consequente investimento em novos produtos e modelos de negócio; ciente dos riscos, mas consciente de que não sobreviverá sem promover tais inovações.

---

6 Conforme a constituição variada de capital de uma empresa, segundo a lógica de mercado e afeita à perspectiva de inovação aberta, poderá haver investidores até mesmo movimentando-se para esse fim, fomentando e ao mesmo tempo ditando novos rumos em termos de inovações.

Estudo de caso

Com a finalidade de alinharmos o conhecimento teórico adquirido neste capítulo com situações práticas que talvez você desconheça, apresentamos a matéria:

Como surgiram cinco das maiores inovações da 3M: empresa americana conta com mais de 55.000 patentes registradas

1. Inovações notáveis

São Paulo – Aparentemente por acaso, por meio de pesquisas ou com ajuda de outras pessoas, a inovação pode surgir de onde menos se espera. Com mais de 55.000 patentes registradas, a 3M, fundada em 1902 (embora ainda com o nome Minessota Mining & Manufacturing), passou por processos de inovação bastante variados para criar seus produtos.

Com uma política voltada para o processo inovativo, a empresa dá abertura para que os funcionários "pensem fora da caixa". Seus cientistas têm 15% de seu tempo de trabalho para se dedicarem a projetos pessoais novos, e a troca de conhecimento entre trabalhadores e clientes é constante. Conheça a seguir como foram criados cinco dos itens de sucesso da 3M.

2. Lixa d'água

Na década de 20, a 3M iniciou um processo que, hoje, é chamado de inovação aberta para desenvolver a lixa d'água. Na época, a empresa ainda era especializada apenas em lixas para construção, mas enfrentava um problema:

Luciana Carvalho / Abril Comunicações S.A.

o excesso de poeira criado pelo lixamento das superfícies. De acordo com o gerente de marketing corporativo da 3M, Luiz Eduardo Serafim, a solução veio de um inventor da Filadélfia, chamado Francis Okie.

"Ele tinha um vizinho que lixava vidro profissionalmente e não aguentava mais a poeira gerada. Vendo isso, o inventor tentou fazer um lixamento com água e escreveu cartas pedindo amostras de papel e mineral a alguns fabricantes de lixa", conta Serafim. A 3M foi a única a responder à correspondência, mandou as amostras e destacou um vendedor para acompanhar e colaborar com o processo, que, em 1921, deu origem à Lixa Abrasiva Wetordry, também conhecida como lixa d'água. Depois da invenção, a 3M comprou a patente do produto, pertencente a Okie, e contratou o cientista para ajudar a empresa em novas descobertas.

3. Fita crepe

Visitar o cliente para acompanhar seu trabalho e verificar sua satisfação rendeu outros frutos para a 3M. Segundo Luiz Eduardo Serafim, no início dos anos 20, um cientista foi a uma oficina de carros para estabelecer contato com o cliente. Lá, ele percebeu que o dono da oficina tinha problemas para proteger os vidros e outras partes do carro, na hora de fazer a pintura da lataria.

Naquele tempo, barbante, esparadrapo e cola eram as únicas formas de fixar o papel-jornal usado para proteger a superfície. Porém, todas as alternativas tinham problemas, já que, ou não fixavam bem o material, ou pregavam tanto que deixavam vestígios e danos. Diante disso, o cientista voltou para a companhia com a ideia de fazer uma fita que, ao mesmo tempo, pudesse colar e ser retirada depois sem maiores problemas. "Em 1925, a 3M conseguiu levar para o mercado a fita crepe ou Scotch, fita sensível à pressão e de fácil remoção", diz Serafim.

4. Líquido impermeabilizante

O acaso pode ser um ingrediente importante para o processo de inovação, mas não é tudo. O líquido impermeabilizante Scotchgard, criado em 1952, é um exemplo da junção de coincidência, senso de oportunidade e empreendedorismo. Segundo Serafim, um cientista da divisão de produtos químicos estava em um projeto para a indústria aeroespacial, quando, ao manipular o material, deixou cair um pouco em seu sapato. "Quando ele se abaixou para limpar, percebeu que aquele produto repelia água", afirma.

Diante da descoberta, o cientista falou com seu chefe que aquela poderia ser uma boa oportunidade de negócio e recebeu o aval para dedicar 15% de seu tempo de trabalho no novo projeto. O resultado foi o líquido Scotchgard, usado tanto para fins industriais, quanto domésticos (em carpetes, estofamento de carros, sofás etc.). Luiz Eduardo Serafim aponta que essa descoberta não pode ser atribuída completamente ao acaso, pois, se não fosse a perspicácia do cientista e a disponibilidade da empresa, nada teria surgido daquele "acidente". "Muitas maçãs caíram antes de Newton perceber o fenômeno da gravidade, então não se pode dizer que foi apenas sorte", diz.

5. Post-it

Criado em 1980, o Post-it é uma invenção quase acidental. O gerente de marketing corporativo da 3M conta que o cientista de uma unidade de produtos adesivos da empresa estava incumbido de criar uma cola muito forte, mas falhou. "Ele colocou esferas de vidro na fórmula e o adesivo acabou ficando muito fraco. Mesmo assim, a empresa tolerou o erro e ele continuou em outros projetos", afirma.

Esse "fracasso", no entanto, não foi ignorado. Com as trocas de informações e conhecimentos dentro da companhia, um outro cientista teve acesso ao caso e se interessou. Além de pesquisador, ele cantava em um coral e precisava de um marcador de páginas que não danificasse o papel. Usando 15% de seu tempo fornecido pela empresa para se dedicar à nova invenção, ele criou o chamado Post-it. Até ser lançado no mercado, o papel de recados passou por vários testes de aceitação e, hoje, é um dos maiores sucessos da 3M.

6. Líquido Supressor de Poeiras

Para o gerente de marketing corporativo da 3M, o grande diferencial deste produto é o fato de ter sido criado no contexto brasileiro, enquanto a maioria das outras inovações foram pensadas nos Estados Unidos. O Líquido Supressor de Poeiras foi elaborado com base no contato com os clientes da área de mineração e com a população de onde sai e por onde passa o minério. Essas redes de conhecimento ajudaram a empresa a perceber a necessidade de um produto que impedisse que o material extraído das minas caísse por onde era transportado.

"Era preciso evitar esse desperdício, porque a empresa perde dinheiro quando cai minério de ferro na estrada ou no trilho do trem e, ao mesmo tempo, as comunidades que vivem perto desses caminhos também sofrem o impacto", afirma Serafim. Aproveitando o contato com as pessoas de fora da empresa e usando o conhecimento já existente sobre o assunto, a companhia criou uma espécie de "chuveiro" por onde os veículos cheios de minério devem passar antes de começar a viagem. Esse líquido é biodegradável e se transforma em uma película que retém o produto durante todo o percurso.

Fonte: Carvalho, 2011b.

Essa matéria exemplifica com exatidão o propósito de uma organização tipicamente inovadora. Não por acaso escolhemos a 3M, gigante mundial inovadora por excelência, com mais de 100 anos de existência.

Com base nesse estudo de caso, responda às seguintes questões:

1. Quais seriam as inovações citadas e que associações podem ser estabelecidas com as passagens dos capítulos que tratam delas?

2. Por que foi decisivo para que essas cinco inovações tão expressivas surgissem? Isso se deve ao acaso, ao esforço de pesquisadores ou à percepção aguçada dos gestores de *marketing* mencionados? Justifique a resposta.

Síntese

Neste capítulo, apresentamos sete itens que constituem o que designamos como um "bom começo" para seu aprendizado. Iniciamos com aspectos principiológicos que reforçam a iniciativa inovadora como movimento que se traduz em valor para a empresa, passando a abordar o significado e as situações que contemplam o surgimento das inovações tecnológicas. Explicitamos que as inovações são importantes na geração de vantagem competitiva para empresa, indicando que os propósitos da gestão da tecnologia e inovação são desafiadores no sentido da criação da cultura inovadora e da formação de equipes com profissionais habilitados para analisar tendências de mercado, hábitos e comportamentos dos potenciais consumidores.

Por fim, tratamos das questões relativas aos tipos e aos níveis de inovação, destacando que a grande maioria das empresas opta pela inovação contínua ou incremental, apesar de ser indispensável inovar de maneira descontínua, radical e disruptiva. Finalizamos o capítulo tratando das organizações ambidestras, que têm como característica a capacidade de gestão tanto de projetos de inovação contínua quanto descontínua. Salientamos que essas temáticas serão retomadas em capítulos posteriores, em função de sua abrangência e importância.

Antes de continuar, leia isto: não existe resposta certa ou errada; existe resposta que, partindo de um esforço para ser desenvolvida, por si só tem valor. Obviamente, esperamos que suas conclusões sejam acertadas, mas o fato de se esforçar para acompanhá-las já é digno de reconhecimento.

Questões para revisão

1. Qual é a principal justificativa para investimentos constantes em inovações e tecnologia?
   a) Empreender esforços inovativos, desprezando riscos e incertezas.
   b) O caráter social do implemento das inovações.
   c) Obtenção de vantagem competitiva.
   d) Trilhar caminhos previsíveis e seguros com o intuito de manter a estabilidade da empresa.
   e) A manutenção da proposta de valor da empresa.

2. Considerando que as redes conectadas de trabalho são uma realidade mundial e naturalmente estão inseridas no contexto da inovação e tecnologia, assinale V para as afirmativas verdadeiras e F para as falsas.
   ( ) As redes conectadas de trabalho potencializam o resultado da empresa ao permitir um expediente estendido graças ao fuso horário de diferentes localizações do mundo.
   ( ) Redes de trabalho internacionais favorecem a troca de experiências e promovem a diversidade cultural nas equipes, o que facilita o processo de inovação.
   ( ) As redes conectadas de trabalho se restringem às grandes empresas, que conseguem conectar seus funcionários de diversas regiões do mundo.
   ( ) O uso de redes de trabalho pode proporcionar inúmeras vantagens e garante o sucesso das inovações tecnológicas.
   ( ) As TICs (tecnologias da informação e comunicação) trazem um novo olhar sobre a maneira como as empresas desenvolvem, pesquisam e lançam novos

produtos no mercado, sendo frequentemente um facilitador deste processo.

Agora, marque a alternativa com a sequência correta.

a) F, V, V, F, F.
b) V, V, V, V, F.
c) F, F, V, F, F.
d) F, V, F, V, F.
e) V, V, F, F, V.

3. A respeito dos tipos de inovações, marque a alternativa **incorreta**.
   a) Inovação arquitetural envolve o aprimoramento de determinados mecanismos que compõem estruturalmente um produto.
   b) Inovação radical é aquela em que empresas investem com a intenção de propor a criação de um bem ou serviço totalmente diferente daquele a que estava afeita a desenvolver.
   c) Inovações disruptivas tendem a render resultados expressivos imediatamente.
   d) Cada vez mais, as organizações procuram informações externas a respeito de novas tecnologias e produtos capazes de propiciar vantagem competitiva, e isso é uma característica da inovação aberta.
   e) Inovação contínua ou incremental é aquela que tem por objetivo proporcionar a estabilidade da empresa no mercado a menor custo.

4. Entre os aspectos relativos aos princípios de gestão da tecnologia e inovação, quais você destacaria?

5. Inovar tecnologicamente significa realizar um intenso trabalho de pesquisa, que invariavelmente será imbuído de

incertezas quanto ao êxito dos esforços que se empreende. Se o grau de incerteza é tão presente no ambiente corporativo que precisa inovar, quais seriam as principais razões para se manter esforços contínuos e investimentos em inovações?

Questão para reflexão

> "As empresas obtêm vantagem competitiva por meio de ações inovadoras. Elas abordam a inovação em seu sentido mais amplo, incluindo tanto novas tecnologias quanto novas maneiras de fazer as coisas." (PORTER, M. **The Competitive Advantage of Nations**. London: Macmillan, 1990).

Fonte: Tidd; Bessant, 2015, p. 19.

1. Com base na passagem de Porter (1990), desenvolva um pequeno texto indicando o que pode ser considerado, no âmbito da empresa, um comportamento pró-inovação e um comportamento anti-inovação.

Para saber mais

Para que você obtenha mais conhecimentos a respeito dos temas abordados no primeiro capítulo, fazemos as seguintes recomendações:

Filmes

A REDE social. Direção: David Fincher. EUA: Sony Pictures, 2010. 120 min.

O CÉU de outubro. Direção: Joe Johnston. EUA, 1999. 107 min.

Livros

AMATO NETO, J. (Org.). **Redes entre organizações**: domínio do conhecimento e da eficácia operacional. São Paulo: Atlas, 2005.

CLEGG, S.; KORNBERGER, M.; PITSIS, T. **Administração e organizações**: uma introdução à teoria e à prática. Tradução de Patrícia Lessa Flores da Cunha et al. 2. ed. Porto Alegre: Bookman, 2011.

CORAL, E.; OGLIARI, A.; ABREU, A. F. de (Org.). **Gestão integrada da inovação**: estratégia, organização e desenvolvimento de produtos. São Paulo: Altas, 2008. p. 1-13.

DRUCKER, P. **Administrando em tempos de grandes mudanças**. Tradução de Nivaldo Montingelli Jr. São Paulo: Pioneira, 1999. p. 19-24.

_____. P. **Inovação e espírito empreendedor (entrepreneurship)**: prática e princípios. Tradução de Carlos Malferrari. São Paulo: Cengage Learning, 1986. p. 137-185.

Vídeos

3M. **Como surgiu o post it?** c2018. Disponível em: <http://www.3minovacao.com.br/aprenda/cursos/como-surgiu-o-post-it>. Acesso em: 30 jun. 2018.

JOHNSON, S. **Where Good Ideas come from?** = De onde vêm as boas ideias? Disponível em: <https://www.youtube.com/watch?v=0afooUcTO-c>. Acesso em: 30 jun. 2018.

02

FORMAÇÃO DE EMPRESA INOVADORA

02

Conteúdos do capítulo:
- Função do líder e prevalência da gestão de pessoas.
- Perspectivas de *exploitation* e *exploration*.
- Importância das estratégias.
- Desenvolvimento de estratégias tecnológicas.
- Papel determinante do aprendizado acerca das inovações.
- Obstáculos organizacionais às propostas inovadoras.
- Estabelecimento de cultura inovadora.

Após o estudo deste capítulo, você será capaz de:
1. entender que a gestão de pessoas é um diferencial diante dos desafios que constituem as inovações;
2. estabelecer um quadro comparativo entre as perspectivas de *exploitation* e de *exploration*;
3. tecer considerações a respeito das estratégias no contexto das inovações, com ênfase nos tipos racionalista e incrementalista;
4. identificar que o desenvolvimento da estratégia inovadora se dá mediante ações práticas;
5. reconhecer que o aprendizado tecnológico é fator fundamental para o sucesso das inovações;
6. compreender que há barreiras organizacionais à inovação;
7. concluir que é preciso empreender esforços para criar uma cultura de inovação dentro da empresa.

EM CONTINUIDADE AO que sustentamos no primeiro capítulo, o objetivo principal de uma organização é a obtenção de vantagem competitiva, o que assegurará estabilidade e um lugar cativo no mercado, fruto da mobilização de uma gestão atenta à constante necessidade de inovações. O exemplo da multinacional 3M, que orienta seus pesquisadores e seus gestores para que utilizem 20% de seu tempo de trabalho em projetos diferentes daqueles que realizam e conhecem, tendo os gestores de dispor de 10% de seu tempo de trabalho para se debruçarem sobre novidades em sentido amplo, é emblemático.

É a demonstração de que a empresa inovadora não se cansa de olhar para dentro de si mesma, em uma perspectiva de integração interdepartamental de saberes, e também para fora, com a intenção de se nutrir de conhecimentos que se somarão às potencialidades já existentes. A Figura 2.1 retrata a interação entre indivíduos. Alguma inovação está por surgir.

Figura 2.1 – Interação entre indivíduos para inovação

Assim, a construção de um empreendimento inovador necessita de inquietação e de capacidade de gestão de múltiplos conhecimentos que, naturalmente, não decorrem apenas de tecnologias mas também de pessoas e de como estas agem na prática.

Líderes gerindo pessoas e conhecimentos

A maioria das organizações mantém o foco em competências centrais. Logo, tornam-se especializadas em certos tipos de habilidades, cujos conhecimentos já detêm, e assim a onda de inovação, em regra, é essencialmente incremental quanto a processos, produtos, sistemas e afins. A razão disso, como bem sabemos, são a manutenção da estabilidade já conquistada e a busca por segurança em território já conhecido (Tidd; Bessant, 2015).

Porém, há certa artificialidade nessa solidez, haja vista que a composição de uma empresa inovadora passou, especialmente a partir do fim do século XX, a necessitar de esforços cada vez maiores no sentido de ter de se dedicar a negócios (competências) novos que não apenas os centrais. A partir daí, a gestão de pessoas surgiu como um elemento-chave, pois gerir pessoas é gerir os conhecimentos que delas provêm, o que é fundamental para a organização que precisa ir além; e não se irá a lugar algum sem que haja líderes em potencial com destreza para extrair o melhor de seus comandados.

Um gestor com pronunciadas habilidades comunicacionais e inter-relacionais constrói, com seus colaboradores, um ambiente acolhedor e inclusivo, estimulando a criatividade e sempre procurando criar um espírito de equipe. Esse é o quadro ideal quando se trata de gestão de pessoas. Nessas condições, haverá clima organizacional propício ao fomento de uma cultura de estímulo a novas ideias e, consequentemente, inovações, tanto incrementais (ou contínuas) quanto descontínuas – estas verdadeiramente desafiadoras tanto para a equipe quanto para o gestor.

Um importante aspecto a respeito da liderança são o poder agregador e a capacidade de gerar confiança em projetos de pesquisa, conforme representa a Figura 2.2. Um líder é uma espécie de catalisador, um indivíduo que reúne equipes em torno de si **e faz que elas acreditem na pesquisa**, o que é imprescindível que seja feito, especialmente no começo dela. A desconfiança no potencial de um projeto, logo de início, pode significar descrença e baixo envolvimento nas fases posteriores.

Figura 2.2 – O papel do líder perante a inovação

Jomic/Shutterstock

A perspectiva de uma liderança eficaz é preferível em situações de incerteza. Nos casos em que a pesquisa enverada pelas sendas da descontinuidade, a atuação do líder que motiva, incentiva e inspira é indispensável para atenuar os efeitos da natural incerteza que é característica de tais projetos.

Desafios da gestão de equipes

A gestão de equipes é desafiadora no sentido de que necessita harmonizar condições de **complexidade** – de projetos de pesquisa e de grupos de pessoas – e de **flexibilidade**, pois precisa propiciar um clima e condições adequadas para que as inovações aconteçam (Tidd; Bessant, 2015). Nesse sentido, a gestão de equipes envolve:

- "ajuste" em relação à estrutura organizacional sempre que necessário;
- seleção de pessoas-chave para encabeçar um projeto, exercitando diferentes papéis;
- envolvimento de membros da equipe que oferecerão sugestões de inovação e por isso precisam ter voz, apesar de não serem pessoas-chave;
- investimento em treinamento de componentes em variadas habilidades;
- incentivo para os trabalhadores se auto-organizarem e predefinirem suas tarefas;
- trabalho eficaz em equipe ou de equipe eficaz que:
  - resultará em desenvolvimento de produto, melhoria de processo, de sistema e afins;
  - originará situações nas quais será necessário harmonizar a equipe em eventuais casos de conflitos internos ou interdepartamentais.

Figura 2.3 – Equipes, integração e conhecimentos em movimento cíclico

Rawpixel.com/Shutterstock

Ademais, para além dos aspectos mencionados, frisamos que a gestão de equipes multifuncionais precisa ser constituída mediante estabelecimento de critérios rigorosos quanto à definição das equipes e de seus membros; à definição de papéis e de tarefas; ao estímulo aos integrantes para que solucionem os próprios problemas; à diversidade de conhecimentos, gerando melhores desempenhos em termos de inovações. Entretanto, em função do estabelecimento de um clima organizacional em que tantos sujeitos detêm autonomia criativa e incentivos para terem ideias inovadoras, a gestão deve ser clara e objetiva, devendo o entendimento acerca de propostas, projetos e pesquisas de inovação ser comum a todos os integrantes. Logo, a gestão de pessoas, embora flexível e inovadora em seus processos, estipula limites, atuando conforme critérios bem estabelecidos (Tidd; Bessant, 2015).

Assim, a autoridade do líder será evidenciada conforme a lógica do "combinado não sai caro" e a gestão buscará o equilíbrio entre as seguintes **premissas**: estrutura, autoridade e limites;

liberdade, autonomia e iniciativa. Algo importante a sabermos quanto a esse tipo de gestão é o aspecto de mudança de uma cultura organizacional muito comum, mas ultrapassada, que ainda privilegia o contributo (ideias) de uns em detrimento de outros, gerando competições predatórias que em nada favorecem o clima empresarial. Nesse caso, deverá haver transformação no sentido de implementar práticas participativas, colaborativas, imbuídas de espírito de cooperação, estabelecendo uma cultura participativa.

Além dos incentivos à criatividade, ao comprometimento, ao envolvimento, ao espírito de equipe e à harmonização das premissas mencionadas, deverá haver reconhecimento pelos esforços demonstrados e pelas ações inovadoras, mesmo que uma ideia tenha partido de apenas um membro e a ele seja dado algum destaque pela conquista. Ainda assim, ela será coletiva, e não individual, pois o trabalho de todos, até mesmo multidisciplinar, foi o que trouxe resultados esperados. Por conseguinte, o gestor deverá incentivar e valorizar atitudes cooperativas.

Assim, concluímos que a formação de uma empresa inovadora congrega muito mais do que apenas a utilização de tecnologias, que nos dias atuais existem em grande número, além de serem alcançadas mediante os mais diversos tipos de redes de inteligências constituídas tanto no interior de uma empresa quanto de fora para dentro dela – segundo a perspectiva da inovação aberta. O cerne da questão reside na gestão das pessoas e de seus conhecimentos mediante incentivo à criatividade e à gestão participativa.

Construir uma empresa inovadora depende de múltiplos esforços, os quais precisam ser coordenados ao máximo por uma gestão precisa e atenta a talentos humanos. Mas outros elementos se somam a estes, conforme veremos a seguir.

Exploitation × exploration

O significado dessas duas expressões de origem estrangeira, conforme podemos deduzir sem precisarmos recorrer a um bom dicionário, alude a ideia de exploração no sentido de busca, de procura de novos meios para obtenção de inovações mediante pesquisa e desenvolvimento. Naturalmente, há uma relação direta com o que trabalhamos no primeiro capítulo, especialmente no que diz respeito aos tipos de inovações, aos perfis das organizações e a seus modelos de gestão.

Ambas são fontes de inovações, percursos, rumos que podem ser seguidos conforme a lógica das inovações incrementais (ou contínuas) e descontínuas – radicais ou disruptivas –, considerando o fato de que as organizações poderão seguir o horizonte das inovações fechadas ou abertas.

Antes, porém, é preciso salientarmos que não devem ser vistas como forças contrárias no âmbito da organização, e sim complementares. Forças que unidas se aliam à proposta de gestão ambidestra.

Exploitation

A *exploitation* está ligada à proposta de inovação incremental ou contínua. Trata-se de refinamento quanto aos bens produzidos e também aos processos e às rotinas das organizações, que são costumeiramente praticados e constantemente aperfeiçoados. Por essa razão é que afirmamos haver ligação com a inovação incremental, pois seu pressuposto é a continuidade (Popadiuk, 2010).

Quando nos referimos a refinamento, queremos dizer que a empresa se especializa em produtos e processos conhecidos, contínuos e que considera seguros, movida por uma percepção de estabilidade adquirida por meio dos bens e dos serviços que disponibiliza no mercado. Isso implica dizer que há investimentos contínuos em desenvolvimento de tecnologias com vistas a manter o posto que já foi atingido, que são constantes e até mesmo previsíveis. É uma preocupação em melhorar o que já é bom, oferecendo sempre "mais do mesmo", mas com superior qualidade a cada novo modelo.

Um exemplo disso são as pesquisas de todos os tipos que visam incrementar bens e serviços. Nesses casos, pergunta-se ao cliente aspectos como: "O que gostaria que fosse feito nesse produto/serviço?"; "O que não gosta nesse produto/serviço?"; "O que considera que poderia melhorar?"; "Qual é sua opinião sobre o funcionamento?". Essas entre outras questões que trazem dados relevantes para o Departamento de *Marketing*, que trará informações próprias a respeito do que deve ser feito para melhorar determinado produto, sem necessariamente levar em consideração o que realmente novo pode ser desenvolvido.

Diante do quadro exposto, podemos concluir que essa mentalidade não é garantia de competitividade estratégica, tampouco de estabilidade absoluta em um ambiente tão mutável e carecedor de novidades (e novos públicos que aguardam) como o mercado dos dias atuas. Investimentos constantes, conforme a ótica da *exploitation*, não impedem que um negócio que hoje é sucesso perca sua força amanhã. E com base nessa observação fazemos uma ponte com os aspectos da *exploration*.

Exploration

Se até aqui deduzimos que *exploration* é o oposto de *exploitation*, até mesmo porque utilizamos propositadamente a expressão *versus* no título, acertamos. Outra coisa a se pensar é que, se uma empresa **também** trilha caminhos com base em estratégias norteadas pela *exploration*, isso quer dizer que ela é afeita às inovações descontínuas, radicais ou disruptivas.

Mais uma vez, fazemos referência à necessidade de uma organização "sair da caixa", procurando explorar novas possibilidades, processos, bens e serviços, sobretudo fazendo uso das mais variadas ferramentas e mecanismos de buscas, que não se restringirão apenas aos inúmeros tipos de tecnologia existentes (tecnologia de informação, internet, *softwares*, redes sociais).

Afirmamos com isso que a trajetória baseada em exploração (*exploration*) em busca de inovações descontínuas é profundamente desafiadora, pois a organização precisa se antecipar a cenários que não são conhecidos, projetar-se no futuro, constituir redes cada vez mais ricas de possibilidades. Isso tudo no âmbito da empresa que estimula a troca de ideias e de conhecimentos entre indivíduos de variadas áreas ou conforme a lógica cada vez mais comum da inovação aberta, buscando fora o máximo de informações úteis tanto quanto seja possível e das mais diversas fontes e áreas de conhecimento.

Antes de prosseguirmos, contudo, gostaríamos de saber se você percebeu o porquê de termos deixado a palavra **também**, no início da abordagem sobre *exploration*, em destaque. O objetivo, como sistematicamente estamos fazendo neste livro, é gerar provocações e estímulos. Em se tratando de gestão, o objetivo era antecipar que o ideal é trilhar os dois caminhos, tanto o da *exploitation* quanto o da *exploration*. A lógica é haver equilíbrio entre as duas fontes de inovação, o que é justificado pelo fato de que é preciso ao mesmo tempo ser sustentável com base no que já se faz, e muito bem feito, mas sem perder de vista o fato de que novos mercados, muitas vezes totalmente diferentes daqueles que já foram conquistados, precisam ser alcançados, mesmo que aos poucos.

Para reforçarmos nosso aprendizado, pensemos em uma marca de *notebooks* bastante conhecida e sólida no mercado, algo bastante meritório. A despeito disso, é preciso avançar melhorando o produto e adicionando a ele uma nova câmera que proporcionará imagens em altíssima resolução, a qual se juntará ao teclado e ao *mouse*, além de outras funcionalidades comuns. Contudo, ciente da necessidade de avançar além do campo da inovação incremental, utilizando-se da perspectiva da *exploration*, imaginemos que essa marca já vem desenvolvendo pesquisas e elaborando protótipos do que possivelmente será um *tablet*. Nesse caso, usaremos de abstração e imaginaremos que *tablets* ainda não existem.

Além de melhorar o modelo de *notebook* de maneira incremental, a empresa já está tentando explorar o "lado de fora da caixa", envidando esforços em pesquisas e no desenvolvimento de algo muito inovador. Logo, há uma perspectiva de equilíbrio entre manter a marca estável e alcançar novos públicos com um trabalho integrado, fundamentado em novas ideias, informações, pesquisas, testes e avanço em protótipo, que oportunamente será lançado no mercado conforme a perspectiva da descontinuidade, baseada em *exploration*.

Nesse sentido, reforçamos: a gestão considerada ideal é aquela que harmoniza perspectivas tanto de *exploitation* quanto de *exploration*, equilibrando-as. Em outras palavras, atua inovando de maneira incremental (ou contínua) e descontínua. Embora ideal, todavia, essa prática é profundamente desafiadora. Dessa maneira, retomamos o entendimento acerca das organizações ambidestras, que procuram atuar conforme essa indispensável lógica com a finalidade de se manterem sempre competitivas no mercado.

Quadro 2.1 Quadro geral das perspectivas de *exploitation* e *exploration*

Exploitation e *exploration*	*Exploitation* ajusta-se com a proposta de inovação incremental (contínua) e *exploration*, com a descontínua (radical e disruptiva).
Gestão	Em termos de gestão, a perspectiva de equilíbrio entre ambas é considerada ideal.
Conhecimento	A gestão do conhecimento (humano) continua sendo um ponto-chave a respeito de ambas as práticas.
Diferenças	Não precisam ser vistas como forças antagônicas, e sim complementares; forças aliadas à ótica da gestão ambidestra.
Técnicas	Técnicas de *exploration* se constituem em redes que avaliam milhares de novas tecnologias de empresas ao redor do mundo.

Estabilidade e competitividade estratégica perante o mercado, conforme contornos que a era da informação e a desenfreada onda tecnológica propõem, podem e devem ser obtidas com base em esforços contínuos, alcançados pela gestão de organizações ambidestras. Em linhas gerais, poucas são as empresas que conseguem atuar conforme essa ótica, com o devido destaque para as empresas multinacionais de grande porte, que movimentam milhares de cifras em torno de novos conhecimentos, pesquisas, práticas e tecnologias, procurando sempre ir além dos mercados já dominados, o que não significa que empresas de pequeno porte não devam procurar trilhar tal caminho também, de acordo com as possibilidades.

Estratégias no contexto das inovações

No contexto das inovações, para ser considerada eficaz, uma estratégia precisa levar em consideração a diversidade de cenários que dizem respeito aos avanços tecnológicos. Queremos dizer com isso que provavelmente a melhor das estratégias seja aquela que não se ocupa apenas da concorrência, mas também de diversos outros elementos e situações que compõem, combinados ou não, o complexo ambiente das inovações em tecnologia. Essa complexidade advém tanto de alguns cenários previsíveis quanto de outros imprevisíveis.

A complexidade a que nos referimos é composta de fatores como concorrência, consumidores, reguladores, entre outros; e também de fatores pouco ou nada previsíveis, como mudanças técnicas, econômicas, sociais e políticas. Harmonizar tais situações quando da definição de uma estratégia significa equilibrar tomadas de decisão e práticas convencionais ou formais, como as que dizem respeito às **estratégias racionais**, e tomadas de decisão e práticas mais modernas, mais adeptas da perspectiva do aprendizado mediante a experimentação, como é o caso das **estratégias incrementalistas** (Tidd; Bessant, 2015).

Passado esse momento inicial, podemos avançar na busca por uma melhor compreensão a respeito do tema, conforme perceberemos a seguir.

Estratégia inovativa

O desenvolvimento de uma estratégia é um processo contínuo, inconcluso. Desejamos informar que se trata de um processo modificável, especialmente no que diz respeito ao contexto das inovações. Você por estar se perguntando: "Como assim, inconcluso?". Uma estratégia é uma tática, um plano, e envolve metas, objetivos, enfim, trata-se de um conjunto de medidas pré-determinadas e planejadas, não é? Sim, e devemos sempre nos manter inquietos quando qualquer questão suscitar dúvidas.

Todavia, precisamos considerar que o universo das inovações, inevitavelmente impulsionado pela competitividade imposta pelas empresas concorrentes, cujas estratégias devem ser (se possível) conhecidas pela organização que vem estabelecendo suas próprias estratégias, não é estático. Fora isso, é preciso considerar as demais situações de complexidade, que exigem um processo de mudança e adaptação cíclico e em espiral. É possível que uma estratégia pronta e aplicada em desenvolvimentos de pesquisas possa e deva ser alterada no desenrolar de um projeto, normalmente influenciada por ações de organizações concorrentes, das respostas do mercado ou de outras situações, até daquelas que não possam ser antevistas.

Nesse sentido, podemos reafirmar que uma estratégia se trata de um plano que antecede ações almejadas; mas é pouco dizermos que se trata apenas de um plano. Adotar uma estratégia significa utilizar perspectivas estabelecidas e previamente alinhadas entre gestor e equipes de trabalho e que podem sofrer variações conforme a natureza e o andamento dos projetos desenvolvidos (Tidd; Bessant, 2015).

Essencialmente, há dois aspectos muitos importantes que atribuem sentido a uma estratégia: trata-se de uma tomada de decisão que deve ser consciente e, ao mesmo, tempo, deliberada, que, como já dito, antecede as ações desejadas. Assim, a eficácia de uma estratégia está associada a sua capacidade de gerar competitividade sendo diferenciada, o que se coaduna perfeitamente com a lógica da gestão de inovações.

Agora passaremos para abordagem das estratégias racionalista e incrementalista, conforme enunciamos anteriormente.

Estratégia racionalista

A estratégia racionalista, estratégia formal ou planejamento estratégico formal, é caracterizada por um interesse lógico, por uma tomada de decisão cartesiana, com a finalidade de traçar caminhos seguros ao máximo para o desenvolvimento de um projeto. É analítica e descritiva quanto às possibilidades consideradas e pesa contra ela, muitas vezes, o fato de se colocar distante da realidade, que não pode ser desprezada (Tidd; Bessant, 2015).

Trata-se de proposta estratégica conservadora, próxima ao estilo militar, na qual o plano deve prever todas as situações possíveis. É bastante difundida no âmbito acadêmico e considerada na prática das empresas, mas as certezas da estratégia racional tendem a ficar enfraquecidas diante de situações de complexidade, entre elas a velocidade de mudança pela qual passam as novas tecnologias, conforme a realidade científica. Nesse sentido, precisamos reforçar que toda estratégia, racional ou não, se for baseada necessariamente em experiências já vivenciadas no sentido de práticas organizacionais de gestão estratégica, poderá falhar diante de situações imprevistas, incertas, complexas, o que é bastante usual na dinâmica do mercado.

Ademais, é importante ter uma visão global acerca do sentido de uma estratégia, pois, no âmbito da organização, ela poderá dizer respeito ao modelo de negócio, aos produtos, aos processos, à posição, aos sistemas e afins. Não estará circunscrita a uma única fase ou processo no âmbito da organização, tampouco será apenas uma. Logo, a estratégia é pensar em *estratégias*, no plural.

Continuando nossa abordagem sobre a estratégia racionalista propriamente dita, a utilização de um pensamento lógico, no caso isolado de situações reais de implantação e desenvolvimento de projetos, é alvo de críticas por simplesmente desconsiderar o aprendizado que pode dar robustez a uma estratégia – o que implica em mudanças ao longo do caminho. Outra observação a essa abordagem pode decorrer de sua predisposição ao combate da concorrência, do foco na concorrência, da crença de que concorrentes são "inimigos". Nesse aspecto em especial reside a lógica militar da qual falamos. Em se tratando de gestão da tecnologia e inovação, encarar o concorrente como "inimigo" pode não ser muito adequado, sendo muito mais apropriado conhecer as "armas" com as quais ele "luta" e tornar a "batalha" mais equilibrada, até que ele possa ser "derrotado".

Com essa rápida alegoria, fizemos alusão à necessidade de conhecimento das estratégias da concorrência, algo comum na corrida que as organizações travam para conquistar novos e competitivos mercados. Conhecimentos e informações novas seriam mais elementos a se somarem à aprendizagem estratégica dos integrantes das organizações, algo que a visão racionalista não consegue enxergar por se fechar demais em suas próprias fronteiras. Mas, obviamente, o aprendizado, além de ser alcançado por meio de experiências externas à organização, pode provir de um olhar mais atento para o interior da empresa, com base em suas próprias especialidades, competências e virtudes.

Não se trata de contraindicar a estratégica racionalista, que ocupa lugar de respeito no âmbito de muitas organizações. Nosso objetivo é trazer uma abordagem crítica, especialmente no sentido de demonstrar sua provável ineficácia diante de situações de complexidade. Nosso entendimento, conforme dito, é de que haja equilíbrio entre as proposições racionalista e incrementalista e harmonização entre uma perspectiva e outra. Aliás, esse foi nosso tom quando discutimos a abordagem das inovações incremental e descontínua e, sobretudo, quanto à implementação de organizações ambidestras como modelo ideal de empresa.

Então, antes de abordarmos a estratégia incrementalista, reforçamos que a estratégia racionalista é importante e válida. Mas para quais tipos de empreendimentos ou negócios? Será a mais adequada para negócios que envolvam projetos de inovação tecnológica? É preciso ter isso em mente. Não se trata de jogar fora a água do banho do bebê com ele junto. A perspectiva é de harmonização entre o que é válido conforme a estratégia racionalista e, sobretudo, o que tem a nos oferecer a estratégia incrementalista.

Estratégia incrementalista

Como é possível supor pela nomenclatura, a estratégia *incrementalista* carrega uma ligação com a proposta de inovação incremental, mas é certo que avança para além do contexto desta, pois tende a considerar situações que implicam em aprendizado na medida em que projetos de pesquisa caminham para a fase de desenvolvimento e tenham necessariamente de lidar com situações indeterminadas.

Em uma perspectiva comparativa, se por um lado a estratégia racionalista falha pela exagerada crença em sua lógica – muitas vezes, mais presunção do que lógica –, a estratégia incrementalista tem suas bases em uma perspectiva que tende a considerar cenários complexos. Isso implica dizer que a lógica incrementalista deve considerar todos os elementos que orbitam ao seu redor (já informados), como concorrência, consumidores, reguladores, legislação, além de alterações técnicas, econômicas, sociais, políticas, entre outras (Tidd; Bessant, 2015).

A perspectiva é de mobilidade, de mudança, na medida em que as alterações de cenários surgem. Por mais que haja tentativas de "prever o futuro" e esforços no sentido de estar atento às mais diversas situações, há de se considerar os riscos e lidar com as incertezas naturais do processo de inovação. Essa capacidade de adaptação que a visão racionalista não propõe é indispensável para que a estratégia incrementalista seja elaborada. Há uma estratégia inicial, mas sabemos de antemão que esta poderá sofrer alterações devido à velocidade das mudanças tecnológicas, por exemplo, sendo que as equipes de trabalho deverão se adequar, se ajustar, rediscutir projetos, rever conceitos, repensar a estratégia, decidindo os próximos passos. O aprendizado por meio da experiência é a principal marca da estratégia incrementalista (Tidd; Bessant, 2015).

Uma organização afeita à lógica da estratégia incrementalista, via de regra, procurará desenvolver diversos tipos de negócios – logo, trabalhará com variadas estratégias; não se prenderá a uma ou a outra apenas. Uma característica da visão incrementalista é justamente avaliar o que o mercado tem oferecido e que tem gerado concorrência, seja aquilo que é emergente, modismo ou febre, seja algo que pode ser explorado, mesmo com alto grau de incerteza. É como uma empresa já constituída que deseja renovar seu portfólio e que busca novos processos, produtos, sistemas e afins por meio da alteração puramente em *design*, a fim de atender as preferências de seus clientes, por exemplo, modificando a oferta, procurando desenvolver bens diferentes do que produz e oferece (Tidd; Bessant, 2015).

Quadro 2.2 – Quadro geral das estratégias

Estratégias e inovações	Consideram cenários complexos, como concorrência, consumidores e reguladores, e também situações pouco ou nada previsíveis, como mudanças técnicas, econômicas, sociais e políticas.
Em sentido amplo	Tática, plano, metas, medidas predeterminadas.
Racionalista	Analítica e descritiva, visa estabelecer um plano preciso, no estilo militar; embora relevante academicamente, pesa contra ela o fato de se colocar distante da mutável realidade.
Incrementalista	Perfil de mobilidade e mudança em situações de complexidade, incorpora-se à perspectiva de aprender para fazer; logo, adapta-se conforme os rumos do desenvolvimento da inovação.

Normalmente, a busca em que se lança e cujas estratégias visa alcançar — **liderança** e capacidade de **acompanhamento de inovações** – é instigada pela entrada de novas empresas no mercado, o que costuma balançar o já agitado ambiente de tecnologias inovadoras. A diferença entre uma nova empresa do ramo e uma já estabelecida é que aquela é praticamente a materialização da estratégia incrementalista, especialmente se a inovação proposta por ela for radical ou disruptiva ou trouxer significativos avanços a determinado bem ou serviço que já exista. Assim, um ciclo de adaptação e aprendizado se estabelece, normalmente das pequenas para as grandes ou das novas para as velhas empresas, mediante estratégias incrementalistas.

Desenvolvimento de estratégia tecnológica

O desenvolvimento da estratégia tecnológica se dá mediante ações práticas. Nesse sentido, a materialização da estratégia é fruto das capacitações técnicas, das competências da organização e da experiência adquirida, sem que nos esqueçamos que a estratégia não será circunscrita a uma equipe ou outra; inevitavelmente alcançará todas, em uma perspectiva global no âmbito da empresa.

Para reforçar essa informação, transcrevemos o posicionamento de grandes especialistas a respeito do assunto:

> A estratégia tecnológica constrói-se sobre competências e capacitações técnicas, e é temperada pela experiência. Estes três conceitos principais — competências e capacitações técnicas, estratégia e experiência — estão, na realidade, intimamente integrados. As competências e capacitações técnicas dão à estratégia tecnológica sua força; a estratégia tecnológica aplicada cria a experiência que modifica as competências e capacitações técnicas. Central a esta ideia é a noção de que a realidade de uma estratégia reside em sua aplicação, e não naqueles pronunciamentos que aparecem para afirmá-la. Em outras palavras, o conteúdo da estratégia tecnológica pode ser revelado pela aplicação dos vários modos pelos quais a tecnologia é adquirida e implantada — contratação, desenvolvimento e atividades de suporte. (Burgelman; Christensen; Wheelwright, 2012, p. 102)

Alguns elementos adicionais são acrescentados a essa perspectiva, conforme entendimento de Tidd e Bessant (2015), os quais estabelecem indicadores a respeito do desenvolvimento de estratégias tecnológicas:

- estratégia calcada na especialidade, nas potencialidades da organização;
- capacidade de adaptação, de mudança e de enfrentamento de incertezas decorrentes da competição mercadológica;
- gestão voltada para o gerenciamento de situações de oposição entre equipes, divergências e posturas extremas até mesmo entre departamentos distintos.

Nesse contexto de possibilidades diversificadas é que se desenvolvem estratégias inovadoras. Naturalmente, deverá se levar em consideração o fato de determinada organização ter a seu favor a experiência e a capacitação já existentes, o que irá favorecê-la quando o desenvolvimento de determinados produtos estiver próximo de seu espectro de tecnologias e de sua *expertise*. Soma-se a isso a capacidade de adaptação a mudanças, com as quais se deparará constantemente.

Uma empresa que produz processadores e placas de vídeo e os fornece para outras grandes marcas, por exemplo, poderá se lançar à produção de *notebooks*, pois as tecnologias e os processos necessários para a produção desse tipo de bem lhes são próximas. Assim, por mais que a estratégia desenvolvida conte com as incertezas da complexidade, há grau de certeza quanto à tomada de decisão no sentido de entrar no mercado de *notebooks*. Nesse caso, o maior desafio serão os diferenciais, como emprego de nova tecnologia para o produto, qualidade de desempenho e melhor preço. Caso o novo produto caia nas graças do público e gere valor, a estratégia terá dado certo.

O exemplo citado é um tanto básico, mas quisemos demonstrar que alguns requisitos, como os diferenciais, o ótimo desempenho e o preço competitivo, podem ser considerados uma estratégia viável, especialmente pelo fato de termos de considerar que uma empresa que produzia peças de computadores e que passa a fabricar computadores, por ser nova no ramo, pode gerar desconfianças. Sua estratégia tem de ser efetiva no sentido de tentar alcançar novos púbicos que precisam acreditar nela. Assim como os itens mencionados em termos de estratégias, há outros relativos a processos de produção e *marketing*, mas toda a cadeia tem de considerar a estratégia principal: diferenciais do bem, ótimo desempenho e preço abaixo da média para o consumidor final.

O exemplo trata de inovação radical, já que surgiu um produto totalmente novo, contrariando a tendência natural da empresa que até então produzia peças para *notebooks*. Houve uma margem de incerteza que norteou a estratégia para tal tipo de inovação, com algumas complexidades, como demonstração de experimentação do bem; campanhas de *marketing*; reações do usuário (a visão dele sobre o novo produto); aceitação/reação do mercado; e, conforme essa cadeia, o aprendizado da organização e da gestão e as novas decisões (estratégias) no sentido de avançar com o projeto, melhorá-lo conforme o desenvolvimento ou até suspendê-lo.

O olhar estratégico e a compreensão de cenários existentes e em constante ebulição, somados a situações de difícil entrada ou a nichos ainda não explorados, são, e sempre serão, um fator-chave para o desenvolvimento da melhor estratégia. Não há facilidades. O desafio é pleno em termos de gestão, pois envolve o máximo de inteligências internas e externas à organização, o que é totalmente necessário para empresas que desejam conquistar ou manter seu lugar no mercado.

Aprendizado tecnológico

Estudos organizacionais apontam que o aprendizado tecnológico é fundamental para o sucesso de um produto. Via de regra, o sucesso decorre de tentativas e de erros até que os acertos sejam alcançados (Figura 2.4). Logo, há aprendizado pela insistência e pela perícia em gerenciar situações complexas internas e externas.

Figura 2.4 – Ciclo em que o aprendizado se inicia no "tente" e prossegue até o "sucesso"

```
                          Pense
                            ↓
                         Idealize
      Sucesso                ↓
         ↑                  Tente
    Continue                 ↓
    fazendo                 Faça
         ↑                   ↙
      E de novo  ←  Faça de novo
```

Conforme o entendimento de Tidd e Bessant (2015), não se pode afirmar que as inovações impliquem sucesso garantido, porém o aprendizado é garantido para a consolidação de conhecimentos que norteiem um possível recomeço em se tratando de aprendizado tecnológico. Há situações em que diversas tentativas e erros muitas vezes se mostram didáticos e oportunos quanto ao sucesso de determinados produtos, que demoram para se firmar após lançamento no mercado. Em contrapartida, situações em que o êxito do lançamento inicial foi veloz desembocaram em experiências complicadas.

Como assim? Há casos de inovações que rapidamente dão certo no mercado, mas que se tornam mais difíceis de serem aperfeiçoadas em versões posteriores por não terem gerado conhecimento suficiente quando de sua produção inicial, enquanto aquelas que custaram mais tempo para se firmar, que necessitaram de maiores informações e conhecimentos durante a fase de desenvolvimento, maior experimentação e modificações variadas, mostraram-se mais robustas em função do maior aprendizado adquirido em condições de mudanças e imprevistos, tendo seu aperfeiçoamento facilitado. Como mencionamos anteriormente, esse relato se trata de curiosidade acerca da importância de aprendizados adquiridos no desenvolvimento de produtos, e não é uma regra que pode ser aplicada em todas as situações.

Uma questão importante é o fato de que não devemos perder de vista alguns aspectos de gestão de projetos, além processos, sistemas, *marketing* e afins, para que o aprendizado se consolide e a resposta esperada (o sucesso) seja obtida. Há algumas condições benéficas à inovação que são consideradas promissoras, com base em cenários tidos como ideais, mas que naturalmente não são alheios a situações imprevistas ou desconhecidas:

- Desenvolvimento de produto alinhado à necessidade dos clientes ou consumidores reconhecida pela equipe de pesquisa e desenvolvimento (P&D).
- Estratégia clara, objetiva, realizável no menor espaço de tempo possível, pioneira, enxuta e com menor previsibilidade de oscilações de investimento.
- Inovação concebida mediante previsão de margem de lucro alta para a empresa.
- Produzida mediante ação conjunta de indivíduos com habilidades diferentes, em uma perspectiva de integração.

- Manutenção de membros originais da equipe ao máximo experientes, em situações de menores mudanças tanto quanto seja possível, com cronograma enxuto.
- Utilização de competências bem desenvolvidas de *marketing*, agilizando o processo de divulgação das inovações, evitando esforços de divulgação a partir do zero.
- Desenvolvimento de projetos compatíveis, de maneira geral, com as competências centrais da empresa.
- Lançamento de produto antes do concorrente, para permanecer à frente o tempo que for possível.
- Apoio irrestrito da alta gestão.
- Detenção de tecnologia de ponta, o que dificulta a imitação por parte da concorrência, notadamente para inovações radicais.

Esse rol de situações, fruto de experiências bem-sucedidas em torno de inovações, especialmente de empresas de alta tecnologia que entendemos estarem conectadas a aprendizados, não podem nem precisam ser vistas como fórmulas de sucesso. São apenas indicativos e relatos de caminhos que deram certo em algumas situações. Lembre-se: quando se trata de mercado, não existe "receita de bolo".

Até aqui, nossa compreensão parece um pouco fixada demais na ideia de que o aprendizado tecnológico só é valorizado quando o sucesso surge com base em inúmeras tentativas e erros; quando constatada a necessidade do usuário ou do cliente e se trabalha exaustivamente para atendê-la; ou quando se obtêm os lucros esperados, muitas vezes à custa de pesados investimentos e anos de espera. Mas qual é a consequência quando um projeto de inovação radical supera todas as fases subsequentes e, após lançado, acaba falhando miseravelmente em seu propósito, sendo até mesmo abandonado?

Se você concluiu que, nesse caso, há aprendizado válido, ótimo! Que esse aprendizado consistiu em melhorias em termos de técnica e aprendizado das equipes de trabalho, em avanços no conhecimento de tecnologias direcionadas à empresa e em ampliação acerca da capacidade de conhecimento do mercado, melhor ainda! Isso se somará ao eixo de conhecimentos que a empresa já detém, traduzindo-se em desenvolvimento organizacional. Nunca será de todo ruim, especialmente se a organização que falhou em dado projeto for detentora de competências centrais bem definidas – ou seja, que tem fôlego para prosseguir.

Ademais, estudos organizacionais indicam que uma tecnologia empregada em dado tipo inovação que tenha sido abandonada devido ao fracasso comercial, em alguns casos, acaba sendo aproveitada para o desenvolvimento de outros bens, de outras famílias de produtos da própria empresa, ou até mesmo, sendo adquirida por outras empresas. Para a organização, o fracasso de hoje pode se transformar em êxito amanhã, e o aprendizado tecnológico se dará mediante ciclos que se comunicam e acabam ultrapassando as fronteiras do que é preestabelecido.

Barreiras organizacionais à inovação

Apesar de todas a considerações positivas acerca da importância e até mesmo da urgência de práticas de gestão voltadas para a inovação, não podemos afirmar que tais concepções sejam unânimes no âmbito das organizações. Por essa razão, abordaremos situações em que a inovação descontínua e até a incremental encontram obstáculos.

Obstáculos relativos ao clima organizacional

Há momentos em que se cria um ambiente pouco propício às inovações e o rol é extenso. Com base nas concepções de Tidd e Bessant (2015), selecionamos as mais comuns, que falam por elas mesmas, dispensando explicações mais elaboradas:

- Liderança e atividade de inovação sem foco, sem objetivos claros e compartilhados entre as equipes e seus membros.
- Processo de comunicação deficitário entre o gestor e os demais integrantes das equipes.
- Lideranças desequilibradas, propensas a exagerado entusiasmo ou afeitas a cobranças e pressões desmedidas, obcecadas pelo cumprimento de metas, sendo que ambas as situações poderiam ser "temperadas", equilibradas com coerência e equidade.
- Gestão verticalizada e rigidamente hierarquizada.
- Definição de regras, papéis e funções imutáveis.
- Equipes "fechadas" apenas em sua especialidade, o que é um limitador à criatividade.
- Gestão restritiva, pouco afeita a *feedbacks*, que não promove abertura nem espaço para intercâmbio de opiniões ou ideias.
- Gestão ditatorial, que diz exatamente como o trabalho deve ser realizado.
- Equipamentos e recursos escassos, com limitações tecnológicas.
- Cultura de desvalorização das próprias práticas, superestimando inovações externas à empresa.
- Exercícios contábeis que desconsideram a necessidade de investimento em inovações.

Essa lista diz respeito especialmente ao clima organizacional, que, como percebemos, não é nada favorável. Essas ocorrências podem desembocar em situações de apatia, descrença e indiferença entre indivíduos e equipes e até mesmo gerar conflitos.

Obstáculos relativos à cultura organizacional

Barreiras organizacionais afeitas à cultura de determinada organização também são facilmente diagnosticadas, o que pode ser constatado em empresas que optam por dar prioridade às inovações incrementais, com vistas a satisfazer os clientes que já dão rentabilidade, com isso não atentando a novos clientes em potencial. Por conta disso, nessas empresas há pouca ou nenhuma afeição à prática de inovações descontínuas, radicais e disruptivas, situação em que continuarão a desenvolver os mesmos produtos, bens ou serviços que poderão, com o tempo, deixar de satisfazer muitos de seus usuários, sem contar aqueles que nem serão alcançados.

O uso indevido de ferramentas financeiras, com investimentos inadequados quando houver projetos de inovação radical e disruptiva, desejando-se sucesso em curto prazo, e não em médio ou longo prazos, pode ser um erro estratégico. Investir em inovações desses tipos implica considerar que a chance de lucro em curto e médio prazos é baixa. A intensão de obter lucro em curto prazo por meio de investimento do tipo mencionado normalmente decorre de pressões para que haja valorização (alta) das ações da empresa, fruto de cobranças de acionistas sobre os gestores da organização. Destacamos que isso dificilmente ocorre se o produto em fase de desenvolvimento for proveniente de uma inovação radical ou disruptiva. Essa concorrência pode gerar uma autofagia na organização, um prejuízo em decorrência de eventuais posturas antagônicas entre acionistas e gestores (Burgelman; Christensen; Wheelwright, 2012).

A utilização indevida do fluxo de caixa no sentido de acreditar que a empresa "vai muito bem, obrigado" e por isso não precisa recorrer à disrupção e à radicalidade em um primeiro momento poderá parecer uma decisão acertada, mas é preciso ter cuidado. Essa lógica é afetada pelo comportamento de organizações ambidestras, que, munidas de bens e de serviços obtidos conforme as perspectivas incremental e disruptiva radical, acirrarão a concorrência com melhores ofertas, preços e qualidade de novos produtos, impactando até mesmo o mercado de ações, preocupando os acionistas de organizações que não mobilizaram recursos quando deveriam.

O que você pensa sobre isso? Inova-se ou não?

Não há dúvida de que sim, é preciso inovar, de preferência nos dois sentidos, ajustando-se à disrupção e à radicalidade, aguardando resultados em longo prazo. É preciso apostar e estipular uma periodicidade quanto aos investimentos, pois a incerteza em relação ao êxito dos resultados é certa, mas a mobilização é indispensável. Se sua empresa não ousar, pode ter certeza de que as outras irão, e, consequentemente, dentro de algum tempo – o que varia muito de acordo com a situação econômica de cada país – ela entrará em declínio caso o estágio seja de total letargia.

Descontinuidade e imprevisibilidade

Novas capacitações, decorrentes de situações imprevisíveis, em função de inovações descontínuas que aparecem "no futuro", gerarão maiores custos não facilmente mensuráveis quando da definição e do investimento no projeto, justamente por ser algo que está por acontecer. Por mais inadequado que pareça, a maioria das organizações mobiliza recursos para fins de investimento em projetos de pesquisa e desenvolvimento de inovações disruptivas, tomando por base projetos de inovações incrementais já conhecidos e concebidos. Diante de tudo o que vimos até aqui, isso até parece inaceitável, mas há estudos que comprovam as tomadas de decisão desse tipo (Tidd; Bessant, 2015).

A perspectiva de incerteza de tais projetos necessita de provisões periódicas, uma espécie de caixa que a empresa precisa ter para dar continuidade ao desenvolvimento da inovação conforme suas nuances, algo que não pode ser previsto com determinado grau de certeza. Recursos baseados em inovações incrementais anteriormente realizadas certamente serão insuficientes para dar conta do que ainda é indeterminado. Custos fixos, como salários de pesquisadores e manutenção de laboratórios, até podem ser mensurados, mas e os custos variáveis? Contratações de funcionários extraordinários, compra de matéria-prima, obtenção de tecnologia, entre outros elementos, também podem ser necessários (Tidd; Bessant, 2015).

Esse é um ponto-chave que acrescenta uma dose de dificuldade para o gestor administrar todo o processo, podendo ser uma barreira à continuidade da atividade caso não haja mais aporte de investimentos, o que coloca a saúde financeira da organização em risco. Mais uma vez, alertamos a respeito da gestão atenta aos sinais da concorrência, econômicos e conforme os perfis dos consumidores. A gestão baseada em inovação disruptiva precisa ter um olhar atento às alternativas "mais certas" quanto possível – *certas* no sentido de serem atrativas em termos de novidades. Logo, projetos inovadores não podem tomar como base os investimentos antigos.

Comumente, prioriza-se o projeto ao invés da estratégia. No entanto, essa lógica pode e deve ser invertida, sob pena de se tornar mais um obstáculo ao atingimento de uma inovação. Uma opção é pensar em uma estratégia que leve em consideração outra estratégia. Que outra? Estamos nos referindo à estratégia desenvolvida, por exemplo, por uma pequena empresa que, em comparação com uma organização de grande porte, vem obtendo êxito em suas inovações de natureza disruptiva. Nesse caso, se uma organização tradicional tem se deparado com dificuldades em inovar, mesmo tendo estrutura e recursos muito maiores do que uma nova empresa, ela precisa avançar para além da inovação incremental propriamente – necessita obter conhecimentos acerca das estratégias utilizadas pela pequena empresa, "correr atrás de informações".

Relembramos que uma das características da inovação disruptiva é a produção de bens e serviços a menor custo para a empresa, com mais simplicidade e visando alcançar públicos até então não atingidos (Christensen, 2012). Se uma pequena e nova empresa consegue ser competitiva conforme essa perspectiva, imaginamos que uma grande organização, que deseja se tornar ambidestra, deve se municiar de conhecimentos a respeito das estratégias que a pequena concorrente vem utilizando.

Ficou claro? Esperamos que sim. Dessa maneira, a organização pode mensurar em boa medida o tamanho de seu investimento, iniciando pela estratégia para, em seguida, partir para o projeto de pesquisa e desenvolvimento (P&D). Por fim, indicamos mais três situações que constituem barreiras à organização que deseja inovar:

1. Veto às inovações disruptivas, priorizando as Incrementais.
2. Falta de ação ou de mecanismos de aferimento do desempenho mercadológico de outras companhias que estão inovando, desenvolvendo novas estratégias (Chesbrough, 2012).
3. Utilização de ferramentas financeiras que acabam por distorcer o valor do investimento e a consequente viabilidade do projeto (Burgelman; Christensen; Wheelwright, 2012).

Após ressaltarmos diversos aspectos negativos acerca de uma cultura que entendemos não ser a mais adequada em termos de inovações, falaremos do lado bom, favorável à cultura de inovação.

Formação de cultura para inovação

A abordagem a respeito da inovação tecnológica parece algo abstrato e até repetitivo, o que é compreensível. Como já afirmamos diversas vezes, inovar é imprescindível, caso contrário a existência de uma empresa seria colocada em xeque. Contudo, para muitas empresas, pelo fato de preponderar uma cultura organizacional rígida, inovar não é uma coisa muito fácil – e não é mesmo. É complexo, denso e difícil, pois sua incidência no âmbito da organização precisa ser ampla, procurando abranger todos os níveis de gestão: do mais alto ao mais popular, do topo ao chamado *chão de fábrica*. Aí reside o desafio.

Antes de discorrermos a respeito do que os estudos organizacionais entendem como práticas favoráveis ao implemento do que seria uma cultura favorável a ações inovadoras, traremos algumas abordagens a respeito da temática da cultura organizacional.

Elementos de cultura organizacional

Classicamente, a cultura de uma empresa remete a suas feições, a seu jeito de ser e de fazer as coisas. As características de uma organização normalmente têm ligação direta com a filosofia de seu fundador (Robbins, 2006). Logo, a cultura de determinada empresa pode ter raízes bastantes profundas acerca de práticas muito comuns e já consolidadas, o que tende a ser problemático se entre suas tradições não tiverem sido estimulados comportamentos propensos à necessidade de adaptabilidade ante as a mudanças ou, em termos de alta gestão, a empresa não tenha mudado como deveria.

Muito embora nossos estudos girem em torno de empresas cujo perfil inovador na grande maioria dos casos envolve uso de tecnologia desde suas origens, é importante levarmos em consideração o fato de que uma cultura muito forte, se não estiver disposta a lidar com mudanças e ser flexível, estará descontextualizada e sofrerá as consequências desse comportamento. Provavelmente você já ouviu ou leu algo como: "Essa é a maneira como as coisas são feitas por aqui". Essa expressão simplista resume bem o significado de cultura organizacional em sentido clássico. Além disso, cultura pode ser enxergada também como o direcionamento que a empresa segue, mas é sabido que essa visão precisa ser revista e ampliada.

Relacionamos, então, o que entendemos serem alguns traços típicos da cultura de uma empresa, bem ao estilo tradicional, conforme cenário proposto para visualizarmos comportamentos comuns a partir de concepções de Robbins (2006):

- preocupação com o bom comportamento dos funcionários;
- cuidados com as instalações;

- definição de objetivos e regras do jogo;
- padrões determinados;
- sistemas de valores compartilhados por todos os membros da organização;
- interesses da empresa em primeiro plano;
- funcionário como reflexo da imagem da organização;
- uniformidade e previsibilidade;
- estabilidade e coesão;
- cultura de colaboração e compartilhamento de conhecimentos;
- institucionalização de perspectivas e percepções mantidas pelos componentes da organização.

Existem ainda diversas outras características culturais que não mencionamos aqui, mas que também formam uma parte importante do processo de tomada de decisão da empresa. Esses aspectos anteriormente destacados constituem um rol interessante de elementos que podem fazer parte da cultura de uma organização. Propositalmente não incluímos aspectos que dizem respeito à capacidade de adaptação e de mudança, pois se relacionam diretamente com a proposta de cultura para inovação, conforme veremos a seguir.

Cultura para inovação

As modernas organizações afeitas a inovações tecnológicas precisam atuar de maneira condizente com a realidade, é o dinamismo é uma de suas principais características em termos de gestão. Nesse sentido, torna-se inevitável e, ao mesmo tempo, difícil haver um alinhamento entre uma cultura preexistente, que muitas vezes carrega os aspectos mencionados, e a necessidade de adaptação e de mudança. O desafio em termos de gestão é harmonizar práticas tradicionais muito arraigadas com a necessidade de adaptação que a realidade impõe. Em outras palavras, é necessário ajustar situações internas de uma cultura forte e tradicional com a realidade de um mercado que exige flexibilidade e capacidade de mudança constante, justamente devido à velocidade com que as transformações acontecem na seara tecnológica.

Novas e pequenas empresas de tecnologia que surgem na atualidade talvez não vivenciem esses problemas, pois sua cultura é fruto da realidade da sociedade da informação e da tecnologia da qual emergem. Em contrapartida, grandes empresas, mesmo de tecnologia, tendem a ter dificuldades para lidar com esses impositivos, apesar de todo seu poderio e tradição. Não é por outra razão que sempre estão de olho em *startups* e fazendo aquisições, o que pode ser problemático quando duas grandes empresas se unem, mas suas culturas organizacionais divergem – principalmente quando as equipes não se acertam.

Então, como aspectos favoráveis listaremos alguns elementos condizentes com uma cultura voltada para a inovação, segundo Tidd e Bessant (2015):

- capacidade de adaptação a mudanças;
- ciência, por parte de todos os membros da corporação, de que é necessário lidar com incertezas;
- posturas favoráveis à flexibilidade e à adaptabilidade;
- trabalho entre equipes multidisciplinares, intercâmbio de conhecimentos e de ações entre membros de departamentos diferentes;
- estímulo à autonomia, à liberdade e à criatividade constantes;
- definição de regras de socialização e respeito ao próximo no ambiente de trabalho;
- estabelecimento de uma cultura organizacional ética, na qual a postura dos líderes sirva de exemplo e de incentivo;

- valorização do aprendizado por:
  - tentativas, erros e acertos em projetos de pesquisa;
  - opinião de clientes, por meio de estudos em que apontem necessidades, incluindo-os nas pesquisas;
  - assimilação de ideias de outras empresas, imitação de outros produtos e aperfeiçoamento para desenvolver melhores;
  - cultivo incansável de novas ideias;
- desenvolvimento de sistemas de reconhecimento e recompensas;
- contratação de indivíduos que demonstrem alinhamento com os valores, as visões, as metas e os objetivos da organização, algo a ser observado durante o processo de seleção.

Naturalmente, não se trata de um rol taxativo, e sim de um apanhado de aspectos favoráveis, alguns deles já vistos em tópicos anteriores. Poderíamos listar empresas de sucesso e destacar as características de suas culturas de implementação de inovações. Os estudos organizacionais a respeito do assunto não cansam de mencionar nomes de gigantes como 3M, Google, Apple, Embraer e outras cujas culturas contemplam tanto os referenciais de uma empresa tradicional quanto de uma empresa muito inovadora. As palavras de ordem, nesse caso, sempre serão *aliar* tradição a modernidade, *harmonizar* tradicional e novo e *buscar* a mudança mantendo um traço, um aspecto central que dá notoriedade e ressalta os valores de uma organização.

Porém, entendemos que o mais importante para o estabelecimento de uma cultura favorável à inovação é a reunião de pessoas em torno de objetivos comuns muito bem determinados, sendo o trabalho inspirador e motivante, praticamente espiritual, não no sentido religioso, mas como realização pessoal e não somente profissional. Mais do que prescrição de valores, empresas que lidam com inovação – e que, por essa razão, necessitam constantemente "tirar coelhos de cartolas" – precisam, por meio de seus gestores, estimular ações criativas a todo momento, contando histórias, motivando, estimulando, avaliando e alinhado propósitos e ações com vistas a atingir os melhores resultados possíveis – tudo com muito foco.

Não é uma jornada simples, mas uma gestão eficaz e atenta a mudanças, desde que imbuída de autoridade, flexibilidade, dinamismo e liderança, consegue atingir os resultados esperados pela corporação.

Estudo de caso

As fontes de inovação

Examinamos os locais comuns em nosso setor. Examinamos nossos clientes. Examinamos nossos fornecedores. Procuramos os órgãos de comércio. Vamos a feiras de negócios. Apresentamos artigos técnicos. Temos informações geradas por clientes. Tentamos desenvolver informações de outras áreas. Fazemos tudo isso, de modos diferentes. Estamos recrutando, tentando atrair pessoas que podem contribuir com perspectivas diferentes. Não queremos necessariamente pessoas que trabalham com instrumentos que temos no setor... é verdade que, no passado, reunimos pessoas que trouxeram uma perspectiva completamente diferente. Era como colocar um grão de areia dentro de uma ostra. Nosso olhar era dirigido para fora. Examinaremos outras áreas, que talvez tenham tecnologias diferentes. Examinaremos áreas semelhantes ao que fazemos, para as quais ainda não olhamos. Além disso, vamos encorajar os funcionários a apresentar suas próprias ideias.

Algumas ideias por trás de nossos produtos nascem com uma pessoa que estava sentada em seu canto, participando timidamente de um grupo de pesquisa que examinava diferentes projetos e produtos para o futuro da empresa. Ela teve uma ideia, criou algo em sua garagem. Trouxe a ideia até mim e disse "Que tal isso?" Examinamos a coisa, discutimos, conversamos com a gerência e apresentamos um desenvolvimento para um de nossos fornecedores. Isso nasceu fora da área em que normalmente operamos. Veio por meio de um de nossos funcionários de longa data, não alguém novo na empresa. E tudo começou com ele, com um pensamento diferente, uma ideia que ele casou com uma necessidade em potencial do mercado, em função do trabalho que fazia quando estava no setor de manutenção. Ele pensou que ali havia uma oportunidade para este produto e criou um protótipo a partir de um pedaço de tubo e algumas peças recolhidas da área de manutenção. A partir desse modelo, criamos um produto que serviu de base para uma linha de instrumentos pequenos, os quais a empresa não produzia há 20 anos, tudo vindo de uma ideia que nasceu na empresa, de um funcionário contratado, mas algo que teríamos considerado em nossa linha de produção normal.

No começo, não se percebeu que havia uma demanda para aquilo. Esse percepção teve origem no fato de o funcionário ter algum conhecimento local e das conversas que tinha com os clientes internos aos níveis inferiores que diziam: "Existe uma demanda para esse tipo de produto". Ela é pequena, é um nicho, mas vai melhorar a nossa linha de produtos e nos colocar em uma área onde nunca estivemos.

Por isso, somos muito receptivos a essas ideias. Criamos um ambiente onde encorajamos as pessoas a questionar e desafiar e temos um sistema de avaliação para examinar as competências das pessoas, não seu desempenho; uma das competências que queremos é a de questionar e desafiar. Queremos saber se nossos funcionários estão dispostos a perguntar se existe um jeito melhor de fazer algo, com mais eficiência. É por isso que buscamos a melhoria contínua. Ao mesmo tempo, queremos que as pessoas levantem a mão e parem por um minuto para se perguntar por que estão fazendo as coisas daquela forma. "E desta outra forma? Já vi isso em algo que fiz, em um dos meus hobbies ou em alguma atividade fora da empresa". Encorajamos as pessoas a trazerem essas ideias e a trabalharem conosco para desenvolver um produto. Na verdade, criamos um mecanismo com uma equipe de projeto composta por pessoas de toda a empresa... não é apenas mais uma área de desenvolvimento de produto. Elas se reúnem em uma sala com todos os recursos de que precisam, por três ou quatro dias. Nosso objetivo é reunir ideias para produtos diferentes dos quais produzimos. Para onde vamos no futuro? Para onde você pode levar essa pequena ideia? É trabalhando dentro dos limites do que somos capazes que é possível contribuir com novas ideias. A última que desenvolvemos gerou sete ou oito ideias para produtos...

Patrick McLaughlin, Diretor Administrativo, Cerulean

Fonte: Tidd; Bessant, 2015, p. 266.

1. Com a leitura do relato de experiência narrado pelo executivo da Cerulon, aponte um aspecto que chamou sua atenção no sentido de estar conectado com a temática da formação da empresa inovadora. Podemos concluir que, no primeiro parágrafo do texto, há clara alusão a práticas que equilibram perspectivas de *exploitation* e *exploration*. Qual seria o outro?

Síntese

Neste segundo capítulo, apresentamos sete itens importantíssimos e, ao mesmo tempo, bastante densos que entendemos constituírem linhas mestras a respeito da criação de uma empresa inovadora, a qual depende de múltiplos esforços que envolvem gestão e liderança de equipes que fomentem ações criativas mediante ações cooperativas. Traçamos paralelos entre as perspectivas de *exploitation* e *exploration*, que não são forças contrárias, e sim complementares em sentido inovador.

Ressaltamos que a definição de estratégias é imprescindível e abordamos as estratégias racionalista e incrementalista. O contexto do aprendizado tecnológico, que necessariamente impõe o desenvolvimento por meio de tentativas e de erros para obtenção de acertos, foi tratado, assim como as situações caracterizadas como barreiras organizacionais à inovação. Por fim, avaliamos os aspectos relativos e favoráveis à formação de uma cultura propícia à inovação no âmbito da empresa inovadora.

Questões para revisão

1. Quanto à gestão de equipes, indique qual das situações a seguir **não** está alinhada com as condições de complexidade e de flexibilidade propensas a gerar um clima adequado para que as inovações aconteçam.
   a) "Ajuste" em relação à estrutura organizacional sempre que necessário.
   b) Seleção de pessoas-chave para encabeçar um projeto, desempenhando diferentes papéis.
   c) Envolvimento de membros da equipe que oferecerão sugestões de inovação, apesar de não serem pessoas-chave.
   d) Investimento em treinamento de componentes em variadas habilidades.
   e) Desnecessidade de incentivo para os trabalhadores se auto-organizarem e pré-definirem suas tarefas.

2. As perspectivas de *exploitation* e *exploration* são duas faces complementares e fundamentais do processo inovativo de uma empresa. Sobre estes dois conceitos assinale V para as afirmativas verdadeiras e F para as falsas.
   ( ) A dimensão de *exploitation* está ligada à continuidade, ao refinamento de processos e rotinas da empresa para o desenvolvimento de inovações.
   ( ) Quando a empresa adota a estratégia de *exploitation*, está proporcionando uma ruptura de mercado, em uma proposta de inovação que quebra paradigmas existentes.
   ( ) O equilíbrio entre *exploitation* e *exploration* é fundamental no processo de inovação da empresa e pode trazer uma vantagem competitiva a longo prazo.

( ) A perspectiva de *exploitation* faz com que a empresa fique impossibilitada de realizar inovações radicais, uma vez que a empresa se estabelece com inovações incrementais.

( ) Uma organização ambidestra é aquela que consegue conferir equilíbrio a seus processos de inovação, combinando inovações continuada e descontinuada.

Agora, marque a alternativa com a sequência correta.

a) F, F, V, F, V.
b) V, V, V, V, F.
c) V, F, V, F, V.
d) F, F, V, F, F.
e) V, V, F, F, V.

3. As chamadas *barreiras organizacionais* à inovação apresentam situações não propícias ao cultivo de um clima e de uma cultura de inovação em uma empresa. Entre os itens apresentados a seguir, qual não indica uma barreira organizacional?
   a) Gestão verticalizada e rigidamente hierarquizada.
   b) Definição de regras, de papéis e de funções imutáveis.
   c) Equipamentos e recursos escassos, com limitações tecnológicas.
   d) Ciência, por parte de todos os membros da corporação, de que é necessário lidar com incertezas.
   e) Processo de comunicação deficitário entre gestor e demais integrantes de equipes.

4. Quais são os principais aspectos das estratégias racionalista e incrementalista?

5. Quais aspectos da gestão e liderança de pessoas (e de conhecimentos) são determinantes para a formação de uma empresa inovadora?

Questões para reflexão

Avalie a seguinte passagem do texto:

> A utilização indevida de fluxo do caixa no sentido de acreditar que a empresa "vai muito bem, obrigado" e por isso não precisa recorrer à disrupção e à radicalidade em um primeiro momento poderá parecer uma decisão acertada, mas não passa de equívoco.

1. Que fatores contribuem para que determinada empresa tenha esse tipo de postura, embora indicadores como análise da concorrência e visão dos clientes, por exemplo, sinalizem que o implemento de uma cultura favorável a inovação é necessário?

2. Em termos de gestão, a realidade da empresa em que você trabalha se assemelha à passagem do texto? Em que medida? O que pode ser feito para ser iniciado um processo de fomento a uma cultura propensa a práticas inovadoras em produtos, processos ou serviços, sistemas e afins?

Para saber mais

Para que você obtenha mais conhecimentos a respeito dos temas abordados no primeiro capítulo, fazemos as seguintes recomendações:

Filme

STEVE Jobs. Direção: Danny Boyle. EUA: Universal Pictures, 2015. 122 min.

Livros

DRUCKER, P. **Inovação e espírito empreendedor (entrepreneurship)**: prática e princípios. Tradução de Carlos Malferrari. São Paulo: Cengage Learning, 1986. p. 39-47, 49-75, 187-196.

HESSELBEIN, F.; GOLDSMITH, M.; SOMERVILLE, I. **Liderança para o século XXI**. Tradução de Cynthia Azevedo. São Paulo: Futura, 2000. p. 209-227.

KOTTER, J. P. **Liderando mudança**. Rio de Janeiro: Campus; Elsevier, 1997.

PORTER, M. E. **Estratégia competitiva**: técnicas para a análise de indústrias e da concorrência. Tradução de Elizabeth Maria de Pinho Braga. Rio de Janeiro: Elsevier, 2004. p. 162-195.

03

TOMADA DE DECISÃO PARA INOVAÇÃO

03

Conteúdos do capítulo:
- Atuação da organização inovadora.
- Diversificação de capacitações e determinação de prioridades.
- Estruturação e organização para inovação tecnológica.
- Conceituação do funil de incerteza.
- Abordagens sobre indicadores de inovação.
- Aspectos da tomada de decisões para adoção de inovações.
- Dinamismo e perspicácia ante a gestão da tecnologia e inovação.

Após o estudo deste capítulo, você será capaz de:
1. avaliar o comportamento da empresa ante o impositivo da inovação;
2. considerar que novas capacitações e prioridades podem ser um passo determinante para o surgimento de inovações descontínuas;
3. entender a estrutura organizacional para inovação tecnológica;
4. constatar que o funil de incerteza é um instrumento de verificação de etapas;
5. enxergar os indicadores de inovação na condição de mecanismos de avaliação;
6. identificar que a tomada de decisão pode ser fulcral quanto ao fracasso ou ao êxito da inovação;
7. concluir que a existência de recursos e de capacidade de gestão são elementos fundamentais para o gerenciamento e o implemento de inovações.

A TOMADA DE decisões é um momento delicado para uma empresa que deseja e precisa inovar, pelo fato de ter de avançar para além da costumeira produção de bens e de serviços a que está afeita. Isso implica dizer que ela precisa desenvolver inovações tanto contínuas quanto descontínuas, sendo estas de maneira ainda mais intensa, pois não é suficiente apenas melhorar. No momento da tomada de decisão, avaliam-se riscos, prosseguem-se investimentos em projetos já existentes, mas também embarca-se em descontinuidade pela via da disrupção e da radicalidade em inovações, o que redunda em incertezas, normalmente de grandes proporções.

Nesse sentido, quanto mais consistentes forem as informações e os estudos a respeito da natureza dos projetos em termos de projeções, por mais envoltos em obscuridades que estejam, mais os estudos trarão elementos favoráveis à tomada de decisões. Assim, a obtenção de conhecimentos prévios é um fator decisivo. Contudo, não podemos nos esquecer de que inovações disruptivas e radicais exigem paciência, muito trabalho e resultados normalmente obtidos em longo prazo, sem a segurança de que serão efetivamente positivos. Além disso, por mais que se busque de antemão o máximo de conhecimentos prévios acerca dos rumos da pesquisa e do desenvolvimento, é preciso considerarmos que muito se aprenderá (descobrirá) ao longo da evolução do projeto.

Quando nos referimos a "consistentes informações a respeito da natureza dos projetos", fizemos alusão à estratégia racionalista. Por mais incertos que sejam os rumos da pesquisa, é necessário buscarmos antever situações inerentes a ela e, na medida em que situações imprevistas apareçam, partir para o enfrentamento em uma perspectiva de desenvolvimento e aprendizado concomitantes. Por essa razão, informamos naquela passagem sobre as estratégias que o ideal é harmonizar as estratégias racionalista e incrementalista.

Após esse rápido *feedback*, retornamos para o atual assunto, salientando o fato de que tanto a gestão de projetos inovadores quanto a tomada de decisões realizam-se mediante controle dos recursos destinados e verificação de estágios de viabilidade de projetos, os chamados *portões* (*gates*), que ora se fecham ora se abrem para as inovações. Trata-se de etapas em sequência, em que se opta pela continuidade ou não do andamento de determinado projeto. Por isso a menção aos "portões", que podem continuar sendo abertos para que se avance ao estágio posterior ou ser fechados de vez, quando do abandono da pesquisa. Os portões indicam uma sequência, iniciada pela ideia e continuada na fase de desenvolvimento, conforme demonstra o Quadro 3.1.

Quadro 3.1 – Estágios de viabilidade de inovações ("portões")

Portão 1	Portão 2	Portão 3	Portão 4	Portão 5
Ideia	Conceito, ainda em formulação	Desenvolvimento do produto	Teste de *marketing*	*Marketing*

Fonte: Elaborado com base em Tidd; Bessant, 2015.

Além disso, um projeto de inovação singular (que embasará uma tomada de decisão) necessitará da observação de pelo menos quatro itens considerados indispensáveis: 1) desenvolvimento de tecnologia específica; 2) pesquisa de mercado; 3) verificação da concorrência; e 4) identificação de situações favoráveis, sempre que possível. A esses itens somam-se também a concepção das coalizões e das parcerias como perspectiva compartilhada para a tomada de uma decisão. Todavia, continuará sendo incerta a busca de sucesso pela via da radicalidade ou da disrupção. Mesmo assim, recomendamos a observação dos itens mencionados. Falaremos mais profundamente sobre as etapas para o desenvolvimento de projetos de inovação mais adiante.

Também é importante considerarmos eventuais situações de descontinuidade no decorrer de determinado projeto, as quais implicarão em redefinições no planejamento. Inovar quase sempre envolve um processo de redefinição, seja na perspectiva incremental, seja na perspectiva disruptiva. Isso acontece em virtude da necessidade de reenquadramento da empresa e, por conseguinte, de seu modelo de negócio, bens e serviços.

Papel da empresa na inovação

Como uma empresa deve se comportar perante o impositivo da inovação? Uma resposta possível para essa pergunta – e que já vimos em parte anteriormente – advém de estudos que apontam para a criação de um clima favorável dentro da empresa, decorrente de uma gestão imbuída de senso de liderança, estrutura apropriada (propensa a ajustes devido às constantes mudanças na seara tecnológica), indivíduos-chave e trabalho eficiente de equipe. Comunicação, reconhecimento e recompensa, somados aos requisitos que acabamos de indicar, reforçam uma postura que se mostra bastante adequada no sentido de impulsionar indivíduos e equipes que trabalham sob situação de clara incerteza.

Em um primeiro momento, esse processo envolve o gerenciamento de equipes criativas e proativas, capazes de assimilar o propósito da organização em inovar, tendo por objetivo um alto desempenho. Essa conclusão parte da conhecida lógica de que o maior patrimônio de uma empresa são seus funcionários, que precisam ser liderados mediante gestão comprometida, com energia, entusiasmo e visão compartilhada, em relações não apenas verticais, no sentido tradicional da expressão de "cima para baixo", mas em todas as direções, desde que isso signifique envolvimento efetivo de todos e dê indícios de que propostas viáveis possam ser valorizadas e implementadas.

Em um segundo momento, cabe identificarmos sinais externos de novas tecnologias e processos, decodificá-los e trazê-los para dentro da empresa ajustados às particularidades desta. Na contramão disso, compartilhamos um conhecido exemplo a respeito do mundo corporativo. A General Motors (GM), no passado, não conseguia entender como os carros japoneses ganharam mercados nos Estados Unidos (EUA). Acreditava que havia políticas internas injustas favorecendo as marcas japonesas, ao contrário do que realmente estava acontecendo: a não constatação de que processos enxutos tornaram viável a entrada de tais carros nos EUA, alcançando mercados que a GM antes detinha. À época, uma identificação mais acertada poderia ter proporcionado uma leitura propensa a gerar entendimentos e, quem sabe, mudanças na estratégia da GM quanto a seus processos e a seu modelo de negócio.

Além disso, um papel nada desejável à empresa que deseja inovar é a não valorização de ideias que destoem de sua competência central, que rejeitadas podem partir com seus idealizadores em decorrência de uma cultura organizacional muito rígida. A acomodação propiciada pela estabilidade e o incrementalismo podem ocasionar tal dissabor. Para cumprir seu papel, uma empresa que deseja inovar precisa ser capaz de mudar sua mentalidade a partir do ponto mais alto, envolvendo os mais diversos segmentos de gestão. A título de exemplo, essa visão, mais do que missão e valores, encaixa-se perfeitamente com as propostas de novas empresas e *startups*, cujo êxito não é tão simples de ser assimilado por grandes e consolidadas empresas, cuja flexibilidade e tomada de decisões pode levar mais tempo e envolver um processo mais complexo.

É compreensível que uma organização bem estabelecida tenha receio de sair de sua zona de conforto, mas se acomodar não é o papel que se espera de uma empresa que precisa inovar. Logo, a mudança de mentalidade a que nos referimos está associada à necessidade de investimentos em projetos cujos resultados positivos também sejam obtidos em longo prazo, alterando-se a lógica reinante de investimentos em projetos cujo lucro seja obtido em curto prazo, algo que não se obterá com inovações radicais e até mesmos disruptivas.

Novas capacitações e prioridades

O êxito de uma inovação pode ser determinado pelo alinhamento de múltiplas ações no âmbito da organização, o que implica em alinhamento de novos projetos e processos devidamente compatibilizados, bem como na definição do que será prioritário. Nesse sentido, é recomendável criar capacitações a partir de novos processos e modelos de negócios. Isso significa não permitir que a perspectiva de estabilidade adquirida impeça ou engavete novos projetos provenientes de descontinuidades, distanciando a empresa da armadilha que é aplicar processos conhecidos a projetos realmente inovadores, no caso dos radicais ou disruptivos. Por conseguinte, essa visão contrariará a lógica de que, quanto maior a especialização de uma empresa em relação a suas capacidades, seus bens e seus serviços em potencial, maior será a tendência de serem rejeitadas novas oportunidades de realmente inovar.

Uma constatação a respeito das capacitações é o fato de costumarem migrar de um lugar para outro dentro da organização. Quando concentrada no pessoal, significa que é mais fácil implementar mudanças. Porém, quando centrada em processos e modelos de negócio especialmente rentáveis, torna-se difícil alterar o quadro e a consequência natural é o distanciamento de propostas de gestão ambidestra. Resta que a capacitação é essencialmente voltada para a manutenção de processos sustentadores, ao passo que investimentos em tecnologia tendem a seguir o mesmo padrão, assim como os modelos de negócio. Essa é a prioridade para a maioria das empresas. Assim, somente uma mudança bem engendrada de mentalidade organizacional é capaz de transformar tal quadro.

Por fim, pequenas e novas empresas, como as já mencionadas *startups*, levam vantagem, pois tendem a agir mais por intuição. Seus processos são facilitados e alinhados com o modelo de negócio, que busca novos mercados essencialmente pela via da radicalidade ou da disrupção. O papel delas é propriamente inovador, com menos receio e maior ousadia, avançando em mercados antes detidos por grandes empresas, em ciclos que se repetirão sempre na medida em que novas empresas se lancem na mesma empreitada.

Assim, caberá às grandes lidar com o "incômodo" e procurar alternativas a fim de renovar suas capacitações e suas prioridades e até mesmo, por influência dessa concorrência, comprar patentes de novos produtos, investir em desenvolvimento de projetos de P&D, realizar parcerias com outras empresas para desenvolver um novo portfólio, partir para a imitação, enfim, reagir de alguma maneira.

Estrutura organizacional para inovação tecnológica

Com base em Tidd e Bessant (2015), podemos afirmar que a estruturação organizacional para a inovação tecnológica transcorre em função da escolha das pessoas certas, que serão capazes de mobilizar e realizar inovações e estabelecerão conexões entre a imaginação (o que é puramente conceitual) e a realidade. Nesse caso, o desafio é ter ideias inovadoras e viáveis que possam gerar valor para a empresa.

A sustentação de um projeto de P&D, por exemplo, ocorre se for vislumbrado um valor comercial para ele. Trata-se da proposição a respeito da qual já nos manifestamos quanto à geração de valor. Um bem deve ser capaz de gerar valor para a organização, fortalecendo sua reputação e sua marca perante o mercado, sendo potencialmente capaz de propiciar lucro e também, quando exitoso, cair nas graças do cliente, o qual se sentirá valorizado ao adquirir um produto de comprovado valor mercadológico. Há um efeito psicológico que ultrapassa as fronteiras da companhia quando se fala em geração de valor, que acaba sendo transferido para quem adquire o bem.

Assim, abordaremos questões relativas às composições e que propiciem condições adequadas de estruturação para inovações que contam com recursos pessoais e materiais.

Estruturação propícia à criatividade e à geração de valor

Um passo importante para a empresa que precisa inovar, mas que necessita se estruturar, é buscar internamente o desenvolvimento de um ambiente favorável para a inovação. Estamos nos referindo à difusão de práticas de incentivo a ideias inovadoras. Significa, em termos de gestão, difundir uma consciência do quão indispensável é criar novos bens, modelos e processos e, por conseguinte, gerar valor, algo que não se dará de fora para dentro. Trata-se de uma cultura fomentada internamente, difundida e praticada mediante autoestruturação, essencialmente a partir de novas ideias.

Assim, uma organização tende a se estruturar na medida em que vai aprendendo, conhecendo novos processos, métodos, sistemas e modelos. Mas podemos afirmar que um aprendizado efetivo, para além desses que acabamos de mencionar, acontece por meio da comercialização dos produtos e pela participação do cliente ou consumidor, uma vez estabelecida a comunicação entre ele e a empresa. Dessa maneira, pode haver refinamento do bem comercializado ou testado e informações claras da parte do cliente para fins de aprimoramento de modelos posteriores. Então, uma boa estruturação no sentido de se manter conectado com o cliente é um passo importante para uma inovação eficaz, e geralmente realizar essa tarefa cabe ao Departamento de *Marketing*, o que pode ser executado por meio de pesquisas de mercado e de opinião.

Estudos apontam que o ímpeto criativo e a consequente necessidade de geração de valor tendem a refrear a medida que uma organização amadurece. Inicialmente, a busca por vantagem competitiva é desenfreada (Tidd; Bessant, 2015), mas, uma vez conquistada e obtida a estabilidade, a tendência é que a empresa opte por inovações incrementais, deixando um tanto relegadas aquelas de natureza disruptiva e radical. Ironicamente, empresas que iniciaram suas jornadas vislumbrando a obtenção de mercados mediante inovações disruptivas ou radicais e se estruturando para isso, após notabilizarem-se por gerar valor a seus produtos e sua marca, quase automaticamente optam pela perspectiva da inovação incremental, desacelerando sua criatividade, mesmo que isso tenha sido a origem de seu fortalecimento. Para contrariar essa lógica, estudos em gestão apontam para uma estrutura organizacional que equilibre tanto perspectivas incrementais quanto radicais ou disruptivas – sempre na perspectiva do equilíbrio e da harmonia, como bem sabemos.

Para esse fim, há casos de empresas que criam departamentos, setores ou núcleos de criatividade cuja equipe é constituída de sujeitos que pensam diferente, para além do que que a empresa vem realizando formalmente. A lógica por trás dessa iniciativa é a busca do que se denomina *mercado interno* (dentro da empresa) para o desenvolvimento de bens, os quais precisam ser avaliados e, quem sabe, aprovados como ideias viáveis para fins de desenvolvimento. Conforme essa proposta, necessariamente haverá mudanças em processos, produtos, tecnologias e abordagens de negócio. O que se busca é também o rejuvenescimento da empresa, sem prejudicar o valor já adquirido, mas com vistas a ampliar o conceito de geração de valor dentro da organização. A Figura 3.1 está inserida nesse contexto.

Figura 3.1 – Mercado interno: busca de opções entre membros da organização

intararit/Shutterstock

Não existe uma receita pronta e prescritiva para a estrutura de uma empresa inovadora, mas alguns elementos favorecem esse processo, como a utilização de estruturas organizacionais mais horizontais, com capacidade de adaptação rápida a novos projetos, valorizando mais os profissionais e seu escopo de responsabilidade do que as relações hierárquicas dos chefes e de chefes dos chefes. Além disso, o investimento em equipes com formações complementares, as chamadas *equipes multidisciplinares*, também favorece o processo de inovação, pois cria um ambiente de aprendizagem mútuo. A IBM, que tem uma cultura de inovação madura e consolidada, organiza sua estrutura com o objetivo de facilitar o processo de criação de novos produtos e de trocas de informações, o que resulta na criação de muitos projetos e auxiliou o registro de mais de uma patente por dia no ano de 2016, consolidando-a como uma das empresas que mais registra patentes no mundo.

Outro caminho em termos de estruturação é o estabelecimento de parcerias, com a empresa se abrindo para inovar, como detalharemos a seguir.

(Re)estruturação por meio de parcerias

Uma parceria é uma competência fundamental para a obtenção de inovações, de sustentação e até de salvação de uma organização. Em condições normais, ocorre no âmbito da organização, entre os indivíduos que compõem equipes, mas também pode acontecer entre empresas e outros sujeitos, conforme a finalidade que se busca por meio delas. Classicamente, parcerias ocorrem entre empresas que produzem partes diferentes de um produto e que juntas compõem a estrutura, a arquitetura, algo muito comum sem o qual a maioria esmagadora das empresas, especialmente as de tecnologia, não existiria. É impossível imaginar empresas que fabricam carros e computadores produzindo sozinhas todas as peças que compõem seus produtos.

Uma empresa que estabelece boas parcerias, dentro ou além das fronteiras da organização, pode migrar para o desenvolvimento de bens e de serviços diferentes daqueles com os quais está familiarizada, fazer novas escolhas, repensar estratégias, inovar mediante novas experiências e aprendizados. Nesse caso, parcerias podem ocorrer de diferentes maneiras:

- mediante testes com clientes e fornecedores;
- na área de tecnologia de informática, com o desenvolvimento colaborativo que é obtido com *softwares* de código aberto, como Linux;
- com terceirização – há empresas que fornecem ideias sob demanda de empresas que as contratam, o que constitui um tipo de "ideação";
- com a criação de uma diretoria de inovação;
- por intermédio das chamadas *incubadoras*, mediante envolvimento de equipe de capital de risco (executivos de diferentes áreas, como tecnológica, *marketing*, operações), e indivíduos externos (clientes e fornecedores).

Há empresas que optam por criar um setor separado dos demais para que se dedique exclusivamente a inovações radicais, cuja lógica se coaduna com a proposta de uma organização ambidestra – separando os inovadores incrementais dos radicais. Tal proposta de isolamento tem o objetivo de dar liberdade criativa a um ambiente quase externo à empresa, muito embora pertença a ela. A justificativa para tal estruturação é a "não contaminação" dos membros da equipe que tem a finalidade de criar produtos totalmente novos.

A opção pela criação de uma equipe autônoma, que supostamente desenvolverá "anticorpos organizacionais" a fim de que não seja contagiada por uma cultura organizacional pré-existente e possivelmente desfavorável ao surgimento de ideias inéditas, embora praticada por grandes empresas, precisa ser acompanhada atentamente. Para tanto, é necessário gerenciar situações de eventuais conflitos que possam surgir com outras equipes que não gozem da mesma liberdade e dos mesmos privilégios. Entretanto, em alguma medida haverá integração, a não ser que efetivamente a separação origine uma nova empresa a partir de outra, caso essa estratégia se demonstre viável (D'Avila; Epstein; Shelton, 2009).

Uma empresa que se estrutura nesses moldes tende a contrariar a lógica da máxima integração entre equipes e entre departamentos com funções diferentes. Já demos ênfase à importância da integração de equipes para geração e compartilhamento de ideias. Porém, há entendimento no sentido oposto, quando indivíduos e setores não correspondem à perspectiva da busca de inovações constantes. Nesse caso, a empresa determinará estrategicamente quais equipes e setores se adequarão à lógica da busca por inovações – afinal, abrir espaço para a criatividade não quer dizer que todos sejam obrigados a criar e a ter ideias.

Quanto ao estabelecimento de plataformas e de redes de inovação, que pode se dar até mesmo entre empresas, o objetivo principal é a obtenção de valor (em sentido amplo) a custo menor de produção. Para tanto, há o que podemos chamar de *convergência entre processos, operações e inovações*. Significa manter unidades de negócios que se comuniquem, em que as plataformas e as redes de pessoas servem para atender a mais de um tipo ou processo de inovação ou modelo de negócio (D'Avila; Epstein; Shelton, 2009). É claramente uma proposta de otimização de recursos por meio de estrutura compartilhada, conforme a Figura 3.2.

Figura 3.2 – Estrutura compartilhada

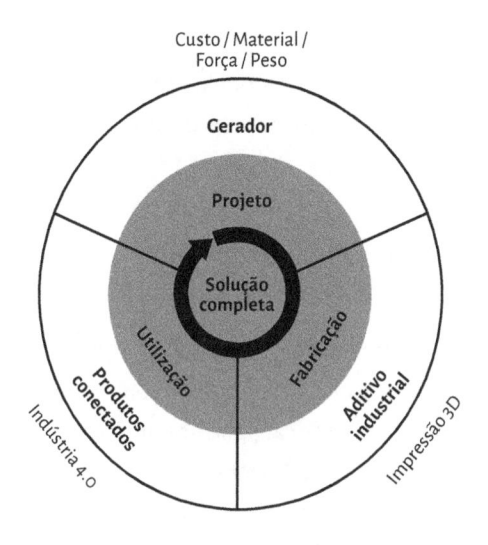

Custo / Material / Força / Peso

- Gerador
- Projeto
- Solução completa
- Utilização
- Fabricação
- Produtos conectados
- Aditivo industrial
- Indústria 4.0
- Impressão 3D

Por fim, quanto às parcerias, em geral, quando definidas entre empresas de um mesmo ramo, há que se estabelecer acordos, regras bem claras acerca do que se deseja. Queremos dizer com isso que, se uma empresa tem uma ideia inovadora e tem a intenção de protegê-la, provavelmente sua parceria visará a uma troca de experiência no sentido de obter aprendizado tecnológico e sobre processos que deseja conhecer, e não necessariamente significará "entregar de bandeja" a receita do bolo. A troca de conhecimentos visará favorecer ambas. Isso deve ser entendido como parceria.

Caso contrário, se não houver regras acerca das bases da parceria protegidas juridicamente, uma eventualmente poderá agir em detrimento da outra. Entretanto, a depender do que for acordado, poderá haver compartilhamento de operações, de processos e até mesmo de inovações, superando fronteiras mediante cadeias de suprimentos, *cluster* industrial (concentração de empresas semelhantes que colaboram entre si), clubes de aprendizagem ou consórcios de desenvolvimento e fusão de tecnologias, para ficarmos nesses exemplos.

Falaremos mais sobre os modelos de parcerias, *joint ventures*, alianças e terceirização em projetos de inovação mais adiante.

Funil de incerteza

Ao tratarmos de funil de incertezas, inevitavelmente pensamos em um objeto doméstico cuja função é conhecida. A concepção do funil (caseiro), na prática, aplica-se ao tradicional processo de coagem do café, manualmente ou na cafeteira. Onde desejamos chegar com isso? A uma conclusão **certa**: da coagem do café obtemos o café líquido. O pó do café, que não nos interessa, fica no coador (funil) e é descartado.

Assim, o funil de incerteza é um processo de filtragem, de verificação de etapas durante o desenvolvimento de um projeto inovador, no qual a obtenção de conhecimentos tende a diminuir o grau de incertezas iniciais, transformando-as em riscos calculados. A medida que as perspectivas acerca da inovação vão ficando mais e mais determinadas, etapa a etapa, é possível tomar decisões mais adequadas quanto ao comprometimento de recursos necessários para o prosseguimento das operações (D'Avila; Epstein; Shelton, 2009; Tidd; Bessant, 2015). Trata-se de um tipo de indicador.

Figura 3.3 Funil de incerteza

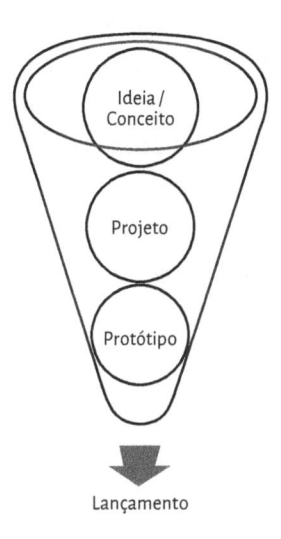

```
        Ideia /
        Conceito

        Projeto

        Protótipo

           ▼
       Lançamento
```

Fonte: Elaborado com base em Tidd; Bessant, 2015.

Essencialmente, o funil de incerteza, também conhecido como *funil da inovação*, está associado à tomada de decisões no sentido de procurar determinar quanto é necessário gastar com determinado projeto na medida em que ele se torna conhecido e determinável; uma maneira de fortalecê-lo, legitimá-lo perante a organização, garantindo-lhe um prosseguimento sustentável. Porém, se a perspectiva de obscuridade quanto ao projeto e o alto grau de incerteza envolvido se mantiverem, etapa a etapa, ele poderá ser suspenso ou abandonado. O gestor terá de tentar acertar em sua aposta, conforme o prisma do funil da incerteza.

É importante mencionarmos que o desenvolvimento da pesquisa, como já é de nosso conhecimento, precisa levar em consideração iniciativas como o desenvolvimento de tecnologias, a pesquisa de mercado, a análise da concorrência, a verificação de tendências e afins. Esses itens "entram" no funil da inovação, determinando a tomada decisões, as quais precisam se alinhar ao máximo possível com a perspectiva do comprometimento de recursos.

Quando se tratar de inovação incremental, naturalmente haverá conhecimentos prévios e uma possibilidade maior de se visualizar os resultados, lidando melhor com os riscos. Todavia, quando se tratar de inovações disruptivas e principalmente radicais, por mais que haja conhecimentos prévios, o grau de incerteza (não de riscos) é alto. Logo, transformá-los em riscos calculados exigirá máximo cuidado e esforços criativos no sentido de serem obtidos conhecimentos suficientes e que justifiquem a tomada de decisões no sentido do comprometimento de recursos materiais e financeiros.

Indicadores de inovação

Indicadores são ferramentas essenciais cuja finalidade é desenvolver bases informacionais para a gestão de projetos inovadores. Com eles buscam-se avaliações mediante conclusões dotadas de certa precisão quanto ao investimento de recursos materiais, tecnológicos e financeiros para fins de desenvolvimento e de alcance de resultados almejados (D'Avila; Epstein; Shelton, 2009).

Normalmente, privilegiam-se os indicadores financeiros de determinado projeto, os quais são obtidos na fase de implementação da inovação. Estudos organizacionais sinalizam que as medições podem e até devem ocorrer por meio de perspectivas que não apenas a financeira. Assim, uma empresa cuja estratégia é inovar por meio de portfólio, de um conjunto de ideias convertidas em projetos, por exemplo, ao invés de investir em apenas um ou poucos, terá como indicador a possibilidade de lucrar mais (Tidd; Bessant, 2015).

Indicadores precisam ser lógicos e com objetivos bem definidos. Sendo assim, uma pergunta fundamental deve ser feita: "O que esperar da atividade de inovação conforme a estratégia determinada?". A gestão eficiente de projetos incrementais, disruptivos e especialmente radicais precisará perseguir essa resposta. Nesse caso, os indicadores serão um passo determinante para obtê-las.

Porém, indicadores não trarão respostas milagrosas. Sua finalidade é servir de mecanismo de auxílio em avaliações que podem alcançar questões relativas a desempenho e à comunicação do que se deseja obter com a inovação, além de gerar motivação e maior envolvimento entre as equipes e prenunciar lucros em uma perspectiva de causa e consequência. Entretanto, por mais depurados que sejam, há estudos organizacionais que classificam os indicadores apontando diversos tipos. Entendemos que **a avaliação prévia das necessidades dos clientes, mediante estudos dirigidos pelo Departamento de *Marketing* com pesquisas e consultas** é um singular indicador. Perguntar, procurar saber o que o cliente deseja ou pensa sobre os bens e os serviços produzidos é um indicador elementar e fundamental.

Em outra direção, mas prosseguindo com a abordagem dos indicadores, um mecanismo de aferição de desempenho para obtenção de resultados criado por Robert Kaplan e David Norton (2006), chamado *Balanced Scorecard* (BSC), apregoa que o acompanhamento dos indicadores não deve se prender apenas aos aspectos financeiros (o que já sabemos), que são considerados primordiais, mas também alinhar-se a outros elementos, como processos de aprendizagem, sinergia mediante portfólio diversificado de produtos inovadores, técnicas de exploração de conhecimentos (*exploration*) e visão dos clientes, ações perpassadas pela lógica de causa e efeito.

No Brasil, os professores Felipe Scherer e Maximiliano Carlomagno (2009), baseados em estudos provenientes da técnica do BSC, propuseram a utilização de um mecanismo denominado *Innovation Scorecard* (ISC), cujo escopo é avaliar indicadores de projetos inovadores pela verificação de resultados, de estratégia, de processos e do contexto em que se realizam. Nesse caso, os **resultados** dizem respeito à receita obtida; a **estratégia** corresponde à escolha dos tipos de bens e do modelo de negócio; os **processos** aludem às avaliações em termos de eficácia e geração de valor; e o **contexto** aduz ao ambiente de realização e a sua necessária adequação para obtenção dos resultados esperados.

Medindo inovações

As consagradas orientações propostas pelo BSC, bem como pelo ISC no Brasil, são direcionamentos lógicos e passíveis de utilização. Todavia, são modelos, propostas capazes de traduzir resultados, não regras absolutas a serem seguidas pelas empresas. O que mais importa quando da escolha de indicadores é a precisão (qualidade) deles. Para isso, é preciso alinhar critérios e focar a utilidade das informações que provirão dos indicativos.

O ditado "o que é medido é executado" é famoso. Medições e indicações em demasia podem ser prejudiciais para a obtenção dos resultados conforme a estratégia planejada. Por isso, o foco vale também no caso de definição de indicadores, pois eles são vitais para a checagem de informações que, espera-se, viabilizarão um projeto inovador.

Para auxiliar a gestão de projetos em inovações tecnológicas, conforme a visão de D'Avila, Epstein e Shelton (2009), um gestor poderá utilizar um sistema de avaliação constituído por três elementos:

1. **Plano**, cuja função é definir e comunicar a estratégia, tornando-a explícita para todos os envolvidos.
2. **Monitoração** dos avanços, que é o acompanhamento da execução dos projetos, possivelmente o mais conhecido e importante dos indicadores.
3. **Aprendizado**, a partir de mudanças que possam ocorrer e das soluções encontradas, propiciando mesmo assim o resultado almejado, normalmente envolvendo o uso de novas tecnologias e o compartilhamento de ideias.

Muito embora não seja um modelo absoluto, quando pensamos em critérios de avaliação, o BSC é muito utilizado no mundo inteiro e inevitavelmente se alia à proposta de gestão de inovações. Nesse caso, quanto mais se sabe a respeito dos processos de inovação em uma organização, mais concreto se torna o sistema de avaliação, o que demonstra que o modelo de negócio é acertado. A definição de indicadores para inovação depende das particularidades da empresa e podem envolver desde a quantidade de patentes registradas em determinado período até a quantidade de marcas, de inovações, passando pelos investimentos em P&D e pela quantidade de parceiros envolvidos por projeto. Trata-se de uma lógica integrada, um encadeamento: os processos de inovação são realmente entendidos, o que fortalece o modelo de negócio e é demonstrado pelos indicadores.

A definição de um modelo de negócio inovador é criteriosa e exige esforços inovativos e conclusões claras acerca do que supostamente os executivos entendem como indicadores. Conforme a ótica do BSC, pode-se partir do modelo de negócios para a inovação, que segue uma linha de abordagem caracterizada por uma estrutura que alia insumos, processos, produtos e resultados (D'Avila; Epstein; Shelton, 2009).

- **Insumos** dividem-se em tangíveis e intangíveis. Capital, tempo e estrutura são recursos tangíveis, ao passo que talento, conhecimento e motivação da equipe são intangíveis, por exemplo. Contemplam aspectos estruturais associados a grupos interessados e capital de risco, estratégias de inovação, redes internas e externas de apoio e sistemas de inovação.
- **Processos** dizem respeito a criatividade, execução de projeto (preferencialmente integrada) e portfólio de inovação, que conferem mais amplitude conforme a quantidade de inovações que a empresa deseja desenvolver.
- **Produtos** são bens físicos ou serviços, frutos de liderança tecnológica e de conclusão de projetos de pesquisa, consequência de ideias totalmente novas (radicais) e de aperfeiçoamento de processos de negócio visando à liderança de mercado.
- **Resultados** são a soma de todos os esforços positivos.

Outros indicadores

Por meio dos indicadores podemos compreender os mercados, os recursos tecnológicos, as estimativas financeiras, a avaliação de riscos e de incertezas, os mercados possíveis e, o mais importante, a demonstração de viabilidade e utilidade da inovação. Tudo isso para propiciar credibilidade ao plano de negócios, pois haverá demonstração de que o produto ou serviço tem potencial e será desejado pelo cliente ou consumidor. Para tanto, as demonstrações provindas dos indicadores precisam ser claras, compreendidas e capazes de gerar convencimento aos investidores.

Métodos de previsão

Os métodos de previsão são indicadores de tendências recheados de variações e possibilidades, como **pesquisas de opinião** com consumidores, **brainstorm** mediante reunião de diversos especialistas, **visão de especialistas externos** à organização (método Delphi) para decisões que envolvam projetos de longo prazo de consecução, mediante perguntas específicas visando alcançar situações futuras – nesse caso, haverá repetições da pesquisa a fim de que a depuração propicie mais clareza em termos de conclusões e se obtenha consensos em relação às respostas, o que não quer dizer que opiniões divergentes sejam descartadas –, **criação de cenários** baseados em dados e em análises quantitativas e qualitativas, referenciadas essencialmente por hipóteses bem demonstradas e discutidas, com a finalidade de tentar antever tanto as melhores quanto as piores condições possíveis, adequando-se a propostas de projetos de longo prazo e alto investimento e incerteza (radicais) (Tidd; Bessant, 2015).

Pesquisas de difusão para adoção de inovações consideram fatores advindos do *marketing*, da antropologia, da sociologia e até mesmo da psicologia, em uma junção entre passado e presente para realizar previsões. Além disso, há a utilização de canais de comunicação pelo quais a inovação é apresentada ao público com o intuito de avaliar o alcance do produto ou da ideia. Entretanto, sabemos que não existe uma fórmula mágica para identificar novos nichos de mercado.

Por essa razão é que especialistas no assunto defendem que o público-alvo de inovações radicais tem de ser educado para compreender e assimilar o que uma novidade oferece, o que exige muitos esforços da empresa desenvolvedora do produto. Esse esforço, por vezes, acaba mitigando a validade das pesquisas de opinião em casos de radicalidade. Apesar disso, como é característica das inovações desde sua gênese, a utilização de indicadores envolve perspectivas de tentativa, de erro e de aprendizado, sobretudo para acertar o alvo.

Fases de pré-difusão e difusão

Estudos indicam uma fase denominada *pré-difusão* (entre consumidores potenciais), que tende a ser bastante longa e pode durar até 10 anos. Por conseguinte, é afeita a inovações radicais. Relatos na área organizacional apontam que em torno de 50% das inovações radicais não prosperam em função do desequilíbrio entre investimento e despesa para a implementação dessa modalidade. É preciso ter bastantes recursos financeiros, persistir e passar um bom tempo sem lucrar para, uma vez consolidada a proposta, colher seus frutos (Tidd; Bessant, 2015).

Uma curiosidade no que diz respeito aos indicadores – e que tem ligação direta com a questão da **difusão** de determinada inovação – é a imitação. Muitas vezes ela é praticada por empresas estáveis não exatamente pela vontade de lucrar, mas para constatar se realmente "dará certo", se terá potencial e demandará mobilização para que se invista nela de fato no futuro. Ainda, o próprio bem ou serviço, na medida em que vai sendo difundido entre seu provável público-alvo, torna-se um indicador (ou não) de sua viabilidade, ensejando descobertas, comprovações, desenvolvimento ou reavaliação, redesenvolvimento e até mesmo abandono do projeto. Nesse caso, atuarão em seu favor as características e as vantagens visualizadas em termos de atributos que o diferenciem de versões anteriores ou o alto grau de novidade, se for radical ou disruptivo.

Critérios como coerência em relação às funcionalidade e grau de complexidade também são considerados no que se refere ao manuseio: é de simples ou de difícil compreensão e utilização? A visibilidade na fase de difusão está atingindo o máximo de pessoas (modelo epidêmico)? Foram consideradas as características dos adotantes iniciais (pessoas, consumidores em potencial) e do ambiente? Esses questionamentos são importantes e antecedem a fase de difusão (Tidd; Bessant, 2015).

Por fim, não nos esqueçamos de que bons indicadores podem decorrer do famoso "boca a boca" – o que é praticamente o mesmo que: "todos estão sabendo?" – via mídias sociais, por meio do *marketing* tradicional e de publicidade e propaganda. Concluímos o tema com três considerações que realçam o grau de importância e também de dificuldade com que se depara a gestão que necessita de bases e de indicadores capazes de dar sustentação a um produto (bem ou serviço) fruto de inovação incremental, mas principalmente disruptiva ou radical:

1. Quaisquer métodos de interação (com público-alvo), quando são realizadas pesquisas ou entra-se na fase de difusão, são eficazes.
2. O comportamento do usuário é um diferencial, uma fonte relevante de indicadores.
3. Pode haver diferenças entre o comportamento dos adotantes iniciais (pré-difusão e difusão) e o futuro mercado principal, que não são muito fáceis de reconhecer.

Estudo de caso

A Tesco, uma cadeia de supermercados com sede no Reino Unido, com £ 39 bilhões de receita anual, decidiu deixar seus clientes realizarem o pensamento inovador quando iniciou a Tesco Direct, em 2001, como uma vitrine de compras *online*. A maioria dos donos de mercearias da Internet acreditou que a venda *online* atrairia clientes em função da economia de tempo, uma vez que poderiam evitar a ida ao supermercado. Contudo, essa iniciativa fracassou. A Tesco Direct ouviu seus clientes e descobriu que eles, realmente, amam comprar em lojas, gostam de ver produtos novos e frescos. Em outras

palavras, fazer compras não era uma tarefa que desejavam evitar. A Tesco Direct descobriu, ainda, que quando os clientes compravam *online* para economizar tempo, queriam fazer isso em um supermercado em que, geralmente, compravam, em vez de fazê-lo em um local remoto, que não conheciam. Assim, a Tesco Direct mudou seu serviço *online* e surgiu com um sistema inovador, que teve como consequência o sucesso da empresa e a satisfação de clientes. Os clientes compram *online*, em lojas que já conhecem, naquela que lhes é familiar, em que confiam na qualidade dos produtos frescos. A Tesco Direct, então, mudou sua organização para centrar-se nesse conceito inovador e surgiu com um conjunto de novas práticas. Os separadores de produtos da loja contratados pela **Tesco** para compradores da Internet possuem carrinhos de compras especiais com visores *online*. O visor mostra sua rota pelo mercado, incluindo dados sobre áreas de maior movimento (como a sessão de pães frescos, entre 8h30min e 9h da manhã).
À medida que o separador percorre o corredor, o visor diz a ele que produto pegar. Depois de colocá-lo no carrinho ele é automaticamente escaneado. Se o produto não estiver disponível, o visor sugere um produto similar, que já fora comprado por esse cliente específico, cujo pedido está sendo atendido. Esses conceitos inovadores foram desencadeados a partir da escuta e da observação de clientes, ao imaginar como a tecnologia poderia entregar o que desejavam.

> Esses conceitos foram, então, aprimorados por mudança de rotinas e práticas. O sistema possui, hoje 750 mil clientes que fazem 20 mil pedidos *online* semanalmente, gerando lucros de mais de £ 6,2 milhões. [...]

Fonte: Clegg; Kornberger; Pitsis, 2011, p. 385-386, grifo do original.

O relato exemplifica uma situação em que houve uma tomada de decisão para a adoção de inovações no âmbito da Tesco, envolvendo mudanças em processos e em sistemas com o uso de novas tecnologias.

1. Qual indicador claramente balizou a tomada de decisão por parte da Tesco no sentido de modificar seus processos? A partir de qual observação foi possível implementar significativa mudança e consequente obtenção de lucro singular?

Tomada de decisão para adoção de inovações

Retomaremos a questão dos indicadores, pois são referenciais que legitimam a tomada de decisões para a adoção de inovações. De início, desejamos reforçar três aspectos marcantes que envolvem diretamente a temática:

1. Adotar decisões carece de compartilhamento de riscos e de responsabilidades de todos os envolvidos.
2. É preciso levar em consideração que métodos tradicionais de avaliação financeira podem não funcionar bem em investimentos de tecnologia, altamente mutáveis e imprevisíveis.
3. Identificar fontes de incerteza de tecnologia e de mercado antes de tomar decisões sobre o tamanho do investimento é fulcral, o que não é tarefa fácil.

Podemos notar, pelo caráter das proposições, que elas têm maior proximidade com a perspectiva das inovações radicais e até mesmo disruptivas. Caso estivessem alinhadas com a proposta de inovações incrementais – "fazer o que já fazemos, mas melhor", jargão bastante conhecido no âmbito dos estudos organizacionais relativos ao tema –, não seriam tão prescritivas (inspirando cuidados) como se demonstram. Faz sentido. Inovar exige cuidados e definições criteriosas, conforme exploramos ao longo de praticamente todo este capítulo.

A tomada de decisão para adotar inovações incrementais é relativamente simples e os riscos que a envolvem são mais facilmente calculáveis. Melhorias contínuas contam com informações pré-existentes e avaliações mais concretas, sendo que o planejamento para a mudança é desenvolvido mediante comparação do produto anterior (bem ou serviço) com as condições atuais de tecnologias e de mercado. Em linhas gerais, decidir pela inovação significa concordar com argumentos e fundamentações visualizadas em uma ideia ou em um projeto considerado convincente. A obtenção do reconhecimento da alta gestão de uma empresa quanto ao potencial do que originalmente era apenas um conceito deve ser traduzido com base em algo muito bem definido.

Obviamente, é necessário poder de convencimento por parte dos proponentes de um novo projeto, especialmente pelo fato de a empresa ter de "abrir seu caixa" para desenvolvê-lo. Nesse sentido, quanto mais radical se demonstrarem a pesquisa e o desenvolvimento, maior deverá ser o poder de convencimento da equipe de criação, em função dos riscos envolvidos e do maior investimento. Simulações, protótipos e coalizões entre indivíduos (grupos diversos) e até mesmo com *stakeholders* (usuários, fornecedores e demais interessados) são bem-vindos para dar mais solidez ao projeto inovador, podendo redundar na criação de um portfólio pela quantidade de envolvidos. Não podemos desconsiderar o fato de que o convencimento a ser obtido da alta gestão é influenciado por questões subjetivas e políticas, o que demanda esforços extras. Logo, há de se trabalhar com o máximo de habilidades que gerem credibilidade.

Naturalmente, essa passagem se refere à realidade de uma empresa já estabelecida, que se depara com uma proposta inovadora, precisando decidir ou não por ela. Se fosse uma *startup*, a tomada de decisão necessitaria de convencimento, estratégia e um plano de negócio, mas, dada a natureza inovadora que lhe é típica, proviria de análises menos robustas e subjetivas. Uma *startup* atua em um nível superior de compreensão e confronto com riscos e incerteza – sua atividade é de risco e de incerteza naturais.

A despeito de existirem estruturas capazes de avaliar e medir o grau de potencialidade de inovações – e os indicadores são ferramentas muito propensas a isso –, a experimentação por meio de testes e a execução em termos de desenvolvimento também são norteadores de decisões, conforme já observamos. Decidir é essencialmente selecionar, seja apenas aperfeiçoando, seja com a análise de ideias preliminares "do zero", seja entre os potenciais inventos de um portfólio. Entretanto, por maiores que sejam os esforços no sentido de buscar sustentação de projetos inovadores, à exceção dos incrementais, invariavelmente haverá situação de incertezas e de imprevisibilidades, muitas vezes em função de movimentos de descontinuidade que surjam no decorrer de um projeto – o que pode acontecer.

No momento que houver descontinuidade, implicará em ajuste, em reenquadramento e em novas decisões. Essa situação é crítica para empresas tradicionais e baseadas em processos de produção em massa ao máximo simplificados que desejam inovar "para fora da caixa", pois é preciso haver uma mudança de mentalidade dentro da organização, especialmente partindo da alta gestão. Diante de tudo que observamos, há variados aparatos propensos a orientar decisões conforme o direcionamento definido pela empresa. Entretanto, em se tratando de profunda inovação, decisões envolverão incertezas e será preciso lidar com elas tanto em condições de estabilidade da empresa, o que é mais fácil, quanto em situações-limite.

Gestão da tecnologia e inovação na empresa

Gerir inovações que envolvem uso de tecnologia pressupõe, além de conhecimento acadêmico e prático, comportamento perspicaz e dinâmico por parte do gestor. Como já dissemos, estar à frente de tais projetos significa lidar com mudanças constantes, o que é bastante desafiador. Além disso, é preciso imbuir-se de um espírito de liderança capaz de gerir e gerar uma cultura de inovação na empresa, de preferência em uma perspectiva de integração entre equipes.

Gerenciar a inovação significa considerar três fatores-chave: a criação de ideias novas, a seleção das melhores ideias e a implementação das melhores ideias (Bessant; Tidd, 2009). Damos o devido destaque ao aspecto de seleção de ideias, pois escolhas equivocadas podem determinar fracassos. Mesmo assim, vale lembrar que vitórias e derrotas fazem parte do jogo da inovação.

Gerenciamento e implementação de inovações

Convidamos você agora a ponderar com bastante simplicidade a respeito do que é necessário para que uma inovação se concretize. O que é preciso? De que a organização precisa? Lembre-se: essas propostas são um incentivo para que você considere o conhecimento que já possui. Esperamos que sua resposta tenha proximidade com a nossa, mas não se trata de acertar ou errar. Não existe resposta errada: existe resposta. E toda iniciativa no sentido de enriquecer nosso aprendizado é válida.

Aonde gostaríamos que você chegasse? Em dois elementos: **recursos** e **capacidade de gestão da organização**. Recursos podem ser materiais, quando se referem a pessoas, equipamentos e estrutura física, e imateriais, quando se trata de dinheiro, de conhecimentos, de ideias e de comprometimento. A capacidade de gestão da organização, por meio da qual a inovação acontece, é o aspecto mais desafiador. Por essa razão, afirmamos no início que um bom gestor precisa deter conhecimento acadêmico e prático, atuando de modo dinâmico. De que adianta ter boa estrutura, recursos financeiros, modelo de negócio, estratégias, indicadores, equipe criativa, mas não ter uma liderança perspicaz e agregadora?

Para ressaltar a importância da capacidade de gestão de uma organização, lembremos do Titanic. Foi a maior inovação tecnológica em termos de navegação para transporte de pessoas à época, mas tragicamente naufragou na viagem inaugural. Teria sido imprudência do comandante e de sua equipe? Fatalidade? O fato é que seu capitão, dias antes, afirmou publicamente o seguinte: "Não posso imaginar nenhum desastre sério que possa vir a acontecer com essa embarcação.".

Em gestão, costuma-se afirmar que, se há previsão de que algo de errado possa acontecer, invariavelmente acontecerá. Logo, a escolha acertada e a identificação prévia de situações-problema (quando possível) são essenciais, constituindo-se em diferencial. O exemplo do Titanic é bom para refletirmos. Deduzir que não haveria um *iceberg* no meio do caminho seria uma escolha acertada? Não responderemos a pergunta, apenas refletiremos a respeito.

Estudos organizacionais apontam que empresas de pequeno e de grande portes necessitam de experiência, a qual advém da prática e redunda em aprendizado. Tanto o sucesso quanto o fracasso geram aprendizado. Em se tratando de gestão, é preciso saber **onde**, **como** e **por que** se deve inovar. O processo inicial é o de seleção de ideias, como já dito, mas não de qualquer ideia, e sim aquelas baseadas em modelos mentais bem definidos, pois deve-se considerar o fato de que recursos financeiros para investimento em inovações são finitos, e isso independe do tamanho da empresa (Bessant; Tidd, 2009). Aliás, a gestão precisa considerar não apenas o aspecto financeiro, mas também outros tipos de recursos, como tempo, energia, ideias, novas tecnologias, estrutura etc. Em suma, é necessário ter uma ideia ímpar, desenvolver um modelo de negócio apropriado, criar a melhor estratégia possível e se balizar nos indicadores. A concretização ou não dos objetivos quando da implementação de inovações estará diretamente relacionada com a seleção das melhores ideias, mediante atuação focada e perspicaz do gestor.

Em termos de gestão, devemos considerar também que o dinamismo das tecnologias, das relações e das interações, de maneira geral, dentro e fora da organização, impõe mudanças na própria forma de enxergar e gerir os negócios na empresa. Torna-se necessário, então, inovar também o modo de gerir e organizar a gestão, por isso a importância de uma visão atenta e dinâmica. É necessário inovar quanto à forma de pensar os processos — e de maneira geral os 4 Ps (paradigma, processo, produto e posição). O terreno das inovações é constituído de riscos e incertezas, de complexidade e desafios, mas também de motivação e vontade de transformar ideias em realizações concretas e vencedoras. Essa meta deve estar sempre em mente ou, melhor, em todas a mentes da organização, a começar pelos gestores.

Gerenciar tecnologia e inovações significa remodelar modelos mentais a todo momento, abrindo-se a um sem número de possibilidades, especialmente no contexto em que vivemos. Por exemplo, se o objetivo de Thomas Edison fosse inovar inventando bens com base em ideias próprias ou de membros de sua equipe apenas, em termos de totais novidades (radicais) ou de aperfeiçoamento (incrementais), seus portfólios provavelmente seriam muito menores. Esse notável cientista, no trânsito entre os séculos XIX e XX, patenteou e financiou uma infinidade de invenções, tendo registrado mais de mil patentes ao longo de sua vida (Tidd; Bessant, 2015). Além de um cientista, foi um gestor de inovações, tendo fundado a famosa empresa General Eletric (GE).

Com base no exemplo de um dos maiores gênios da humanidade, concluímos que a capacidade de gerenciar projetos inovadores necessita de certa sagacidade, inquietação e movimentação no sentido de obtenção do máximo de informações e de conhecimentos, que devem ser distribuídos, avaliados e selecionados entre as equipes. Assim, diversas possibilidades surgem por meio de portfólio, por exemplo.

Vamos a mais um exemplo de gestão muito bem-sucedida e mundialmente conhecida: a Walt Disney Company. Se o genial Walt Diney se contentasse apenas com os desenhos animados surgidos com base em Mickey, Donald e Pateta, se não desejasse investir em longas-metragens de animação além de *Branca de Neve e os sete anões*, possivelmente sua empresa seria muito pequena ou teria fechado as portas. Porém, seu gênio indomável e sua sede por criar um universo de fantasia tornaram uma pequena empresa de animação em um universo sem limites. Talvez você não saiba, mas o nível de exigência e criatividade dele era tão descomunal que, na medida em que o grupo foi expandindo, chegou a encomendar contêineres de livros de fábulas e de histórias, especialmente infantis, da Europa para os Estados Unidos. Como hábil e perspicaz gestor, exigia que todos os membros de sua equipe de criação estudassem dedicadamente todas as histórias e, mediante constante ampliação de conhecimentos, desenvolvessem novas histórias e personagens, as quais permeiam o imaginário de gerações ao redor do mundo.

Como você deve saber, as ambições do grupo e a constante busca de inovações não cessam. Apenas para finalizarmos esse exemplo, em meados de 1980, a Disney adquiriu, da Lucasfilm (Star Wars), a divisão de criação de efeitos especiais chamada *Pixar*. Se hoje nos divertimos com os clássicos *Procurando Nemo*, *Toy Story* e *Frozen: uma aventura gelada*, devemos agradecer à capacidade de inovar "para fora da caixa" de Walt Disney e de seus sucessores. Esse exemplo é emblemático por se tratar de uma demonstração clara de capacidade dinâmica de gestão que partiu de ideias iniciais transformadas em portfólios, mediante estratégias claras e bem direcionadas. O modelo de negócio, altamente lucrativo, voltado para entretenimento ampliou-se infinitamente na medida em que diversos tipos de ideias foram aos poucos se convertendo em outros modelos de negócio, muito conhecidos por todos e de extremo sucesso: desenhos (primeiras animações), histórias em quadrinhos, longas-metragens, parques temáticos, estúdios de cinema e produtora.

Praticamente todas as propostas de inovação que vimos até aqui se encontram difundidas nas organizações Disney: incrementais, radicais, disruptivas, fechadas, abertas. Tudo isso devido a uma gestão dinâmica e atenta ao infinito de possibilidades que pessoas e seus conhecimentos, somados a tecnologias, permitiram que fossem geradas.

Síntese

Neste capítulo, abordamos temas variados e completamente integrados à proposta de gestão da tecnologia e inovação, iniciando pela delicada questão de decidir pela inovação, especialmente a radical e a disruptiva. Em seguida, avaliamos o papel da empresa ante a inovação, a qual necessita mudar sua mentalidade do maior ao menor nível de gestão, o que necessariamente implica em novas capacitações e definições de prioridades.

Além disso, sinalizamos que a estrutura organizacional para inovação precisa criar um ambiente favorável à recepção de novas ideias, bem como estabelecer sólidas parcerias. Iniciamos nossa abordagem sobre os indicadores de inovação pelo chamado *funil de incerteza*, passando para os indicadores propriamente ditos, destacando que a avalição prévia das necessidades dos clientes é um indicador primordial. Finalizamos o capítulo retomando a questão da tomada de decisões, cuja pedra de toque é a escolha da melhor ideia a ser desenvolvida, ao passo que a gestão da tecnologia e inovação na empresa ocorre mediante observação de três requisitos elementares: criação de ideias, seleção das melhores ideias e desenvolvimento e implementação dessas ideias.

Questões para revisão

1. A tomada de decisão é um momento delicado para a empresa que precisa inovar, e isso se deve aos riscos e às incertezas a que estará afeita. A esse respeito marque a alterbativa incorreta.
   a) A empresa deve empreender esforços no sentido de ter inovações incrementais e disruptivas.
   b) A tomada de decisão para inovar implica necessariamente uma postura conservadora por parte do gestor.
   c) Quanto mais consistentes as informações e estudos a respeito da natureza dos projetos em desenvolvimento, por mais envoltos em obscuridades que estejam, mais os estudos trarão elementos favoráveis à tomada de decisões.
   d) Inovações disruptivas e radicais exigem paciência, muito trabalho e resultados normalmente obtidos a longo prazo
   e) Tanto a gestão de projetos inovadores quanto a tomada de decisões realizam-se por meio de controle dos recursos destinados e da verificação de estágios de viabilidade de projetos.

2. Considerando seus estudos neste capítulo, assinale a afirmativa correta.
   a) No que diz respeito à estruturação propícia à criatividade e à geração de valor no âmbito da empresa, estudos apontam que somente o ímpeto criativo tende a ser suficiente.
   b) O funil de incerteza é um mecanismo de filtragem e de verificação de etapas para fins de desenvolvimento de uma inovação.

c) A obtenção de novas capacitações com base em novos processos e modelos de negócios independe de uma mudança de mentalidade organizacional em se tratando de gestão.
d) Novas empresas, como as *startups*, agem mais por intuição, evitando, por exemplo, o desenvolvimento de inovações radicais.
e) Um passo importante para a empresa que precisa inovar, mas que para isso necessita estruturar-se, é buscar experiências e tecnologias externas ao seu ambiente, o que significa não contar com a colaboração da sua própria equipe.

3. Indicadores são ferramentas de avaliação capazes de gerar informações precisas quanto aos investimentos em recursos para geração de inovações. Qual das afirmações a seguir **não** condiz com esse propósito?
    a) Inovar mediante constituição de portfólio denota possibilidade de redução de lucro.
    b) A avaliação prévia das necessidades dos clientes é um indicador fundamental.
    c) O *Balanced Scorecard* (BSC) é um mecanismo de aferição de desempenho para obtenção de resultados.
    d) O plano, a monitoração e o aprendizado são considerados sistemas de avaliação.
    e) Métodos de previsão, fases de pré-difusão e difusão são considerados indicadores.

4. No que diz respeito à estruturação propícia à criatividade e geração de valor no âmbito da empresa, há estudos que mostram que o impulso criativo e a necessidade de geração de valor tendem a se retrair à medida que a empresa evolui. Por que razão isso acontece?

5. No que diz respeito à gestão da tecnologia e inovação na empresa, por que há uma preocupação especial com a questão da seleção da melhor ideia nova?

Questão para reflexão

1. Avalie as três situações a seguir:

> 1. O alinhamento das expectativas de inovação com a gestão sênior. Uma definição clara da natureza da inovação precisa ser feita, isto é, inovação radical *versus* inovação incremental e os 4 Ps. Qual deve ser o foco principal?
> 2. Executar um portfólio de projetos de inovação incremental (fazer melhor) e inovação radical (fazer diferente), como se encontra o equilíbrio perfeito?
> 3. Adquirir antecipadamente recursos financeiros e humanos suficientes e dedicados.
>
> John Thesmer, Managing Director, Ictal Care, Dinamarca

Fonte: Tidd; Bessant, 2015, p. 50.

Segundo executivo John Thesmer, as três situações descritas constituem os grandes desafios que envolvem a gestão da inovação. Partindo de uma perspectiva pessoal aliada a seus estudos em gestão da tecnologia e inovação, quais seriam os três principais desafios indicados? Caso concorde com o autor, justifique sua resposta.

Para saber mais

Para que você obtenha mais conhecimentos a respeito dos temas abordados no primeiro capítulo, fazemos as seguintes recomendações:

Livros

CAPODAGLI, B.; JACKSON, L. **Pixar**: lições do playground corporativo mais criativo do mundo. Tradução de Maria Amália Bernardo Caccuri. São Paulo: Saraiva, 2010.

CORAL, E.; OGLIARI, A.; ABREU, A. F. de (Org.). **Gestão integrada da inovação**: estratégia, organização e desenvolvimento de produtos. São Paulo: Altas, 2008. p. 45-82.

DRUCKER, P. **Administrando em tempos de grandes mudanças**. Tradução de Nivaldo Montingelli Jr. São Paulo: Pioneira, 1999. p. 91-95.

_____. P. **Inovação e espírito empreendedor (entrepreneurship)**: prática e princípios. Tradução de Carlos Malferrari. São Paulo: Cengage Learning, 1986. p. 181-185.

KOTTER, J. P. **Liderando mudança**. Rio de Janeiro: Campus; Elsevier, 1997. p. 51-66.

04
ANÁLISE AMBIENTAL DA INOVAÇÃO

04

Conteúdos do capítulo:
- Análise ambiental da inovação: micro e macroambiente.
- Criação de valor pela inovação.
- Propriedade intelectual e patente da inovação.
- *Joint ventures* e alianças para a inovação.
- Sistema Nacional de Inovação.
- Políticas de ciência, tecnologia e inovação no Brasil.
- Retrato da atividade de inovação no Brasil.

Após o estudo deste capítulo, você será capaz de:
1. diferenciar micro e macroambiente da inovação;
2. compreender a importância da criação de valor pela inovação;
3. identificar o processo de propriedade intelectual e a criação de patente da inovação;
4. entender a contribuição de *joint ventures* e de alianças para o processo inovativo;
5. indicar as políticas nacionais para fomento da inovação e tecnologia no Brasil;
6. estabelecer o atual *status* da atividade de inovação no Brasil.

SERÁ QUE OS produtos de minha empresa são atuais? Eles oferecem uma proposta de valor diferenciada no mercado? Em termos de tecnologia, posso dizer que minha empresa utiliza o que existe de mais avançado? Essas e outras reflexões fazem parte das inquietudes do gestor no momento de definir seu planejamento estratégico.

A análise ambiental oferece informações relevantes para a empresa tomar decisões, tendo em vista sua competitividade e sua sustentabilidade no mercado. Por isso, tanto fatores internos, como a capacidade da equipe em inovar, a adoção de tecnologias dentro da organização, a propensão a investimentos em inovações e o processo de aprendizagem da empresa, quanto fatores externos, como a proposta de valor dos concorrentes, as inovações tecnológicas ofertadas no mercado, o potencial para a consolidação de parcerias e *joint ventures* para inovar, devem ser levados em conta.

Análise ambiental: micro e macroambiente

Ao tomar uma decisão de desenvolvimento de novo produto ou de modificação de um produto já existente no portfólio da empresa, deve-se realizar uma análise ambiental completa, que envolve um diagnóstico das variáveis internas e externas que podem impactar no projeto, relacionadas no Quadro 4.1.

Quadro 4.1 – Análise ambiental para o planejamento da inovação

	Fatores essenciais no planejamento para inovação
Ambiente externo	<ul><li>Quantos e quais são os diferenciais dos produtos concorrentes que estão disponíveis no mercado?</li><li>O que é mais valorizado pelo perfil do consumidor desse tipo de produto?</li><li>Quais são os diferenciais competitivos que esse novo produto oferecerá em relação aos produtos e aos serviços já disponíveis no mercado?</li><li>Qual é o potencial de mercado para a inovação?</li><li>Quais são as tendências em termos de hábitos e de comportamento de consumo nesse mercado?</li><li>Quais são os riscos e as ameaças que podem influenciar na trajetória dessa inovação?</li><li>Existe alguma restrição ou exigência legal ou regulatória para o lançamento desse produto no mercado?</li><li>Existe uma perspectiva de aprendizado por meio do desenvolvimento de parcerias ou da colaboração entre empresas?</li></ul>
Ambiente interno	<ul><li>Qual é a capacidade instalada da empresa para atender a essa inovação?</li><li>Existe a necessidade de contratação de novos profissionais?</li><li>Os atuais profissionais da empresa estão capacitados para atuar nessa inovação?</li><li>Existe a necessidade de aquisição de novas máquinas ou novos equipamentos?</li><li>Quais são os recursos necessários para a implementação da inovação?</li><li>Quais são os impactos que a inovação trará na operação interna da empresa?</li><li>Qual é a necessidade de investimento de recursos (financeiros, humanos e temporais) que esse projeto de inovação demanda da empresa?</li><li>Quanto tempo será necessário para a consolidação das vendas do novo produto no mercado?</li><li>Existe o risco de o novo produto concorrer com os atuais produtos do portfólio da empresa?</li><li>Os atuais fornecedores conseguem atender às demandas dessa inovação?</li><li>Qual é a disponibilidade de matéria-prima para o desenvolvimento dessa inovação?</li></ul>

Essas variáveis são essenciais para que a empresa consiga realizar um bom diagnóstico ambiental e, a partir das informações levantadas, tomar decisões estratégicas no planejamento para a inovação.

Análise do macroambiente da inovação

A partir da elaboração e da seleção das ideias, inicia-se o processo de análise ambiental, esta especialmente relacionada às dimensões do macroambiente. Mas o que significa *macroambiente*? O **macroambiente** envolve todas as dimensões que não estão diretamente relacionadas ao dia a dia da empresa (sua rotina), mas que impactam no negócio em uma perspectiva de médio ou longo prazos, como questões demográficas, econômicas, naturais, tecnológicas, culturais e de natureza política e legal. Variáveis políticas, econômicas e sociais podem impactar no desenvolvimento de uma inovação e devem sempre ser levadas em conta durante a elaboração do plano de inovação (Kotler; Keller, 2012).

Sendo assim, algumas questões do macroambiente devem ser consideradas:

1. Quais são os impactos da **situação econômica** no contexto do projeto?

    Questões econômicas podem impactar o poder de compra dos potenciais consumidores da inovação e até modificar antigos hábitos e comportamentos de consumo. Por exemplo: uma crise no cenário econômico do país não impacta diretamente as vendas da empresa no dia seguinte, mas a perspectiva econômica em médio e longo prazos pode fazer que o comportamento de consumo e a intensidade de compra mudem, o que pode impactar a projeção estimada de vendas e a intenção de compra do consumidor com relação à nova proposta de produto.

2. Quanto à **tecnologia**, como essa inovação se posiciona quando comparada ao que já está disponível no mercado?

   Sua empresa não precisa ter o melhor recurso em termos de tecnologia disponível no mercado, mas é fundamental monitorar e conhecer o que existe de novo em relação às tecnologias disponíveis e aplicadas para o setor, quais são as empresas que utilizam tais tecnologias e de que modo essas tendências tecnológicas podem impactar o uso e o comportamento de compra dos consumidores, que podem ser modificados de acordo com os benefícios ofertados pelas novas tecnologias. Por exemplo, a indústria de jornais impressos está passando por uma transformação tecnológica e muitos dos principais jornais do país estão deixando de circular diariamente e passando a oferecer atualizações *on-line* para os leitores, além de uma versão impressa diferenciada apenas em alguns dias do mês. Essa mudança tecnológica pode impactar os hábitos dos leitores, que, a partir de determinado momento, modificam a maneira como toda a população lê jornal.

3. Existe algum impacto **ambiental**? Essa ideia é ambientalmente sustentável?

   Vale lembrarmos que a conscientização ambiental está aumentando cada vez mais e que as iniciativas dessa natureza são muito valorizadas pelos consumidores. Questões como uso de insumos de origem sustentável, destinação adequada de resíduos industriais e criação de produtos com menos impacto ambiental podem trazer uma vantagem competitiva para a empresa em termos de aceitação do consumidor, além de criar uma imagem positiva de marca. Por exemplo, a empresa Natura, que atua na área de cosméticos, aplica a estratégia de *marketing* verde em seus diversos elos da cadeia produtiva, desde fornecedores ambientalmente responsáveis até a utilização de apelos sustentáveis em suas campanhas de comunicação.

4. Em termos **legais**, existe alguma restrição para o lançamento dessa inovação? É necessária alguma autorização ou licença por parte de órgãos responsáveis para o lançamento?

    Existem algumas leis que mudam a prática das empresas e, com o passar do tempo, mudam também a preferência dos consumidores. Por exemplo, a criação da Lei Nacional de Resíduos Sólidos — Lei n. 12.305, criada em 2 de agosto de 2010 —, instituiu a Política Nacional de Resíduos Sólidos (PNRS) e fez com que as empresas passassem a ter responsabilidade sobre os resíduos gerados na produção, modificando a prática de atuação empresarial, especialmente entre as indústrias, que antes não precisavam se preocupar com a destinação dos resíduos. Por exemplo, a empresa Terracycle propõe o desenvolvimento de soluções ambientais por meio de parcerias com empresas em 21 países, em programas de reciclagem de resíduos com fabricantes de produtos, varejistas e grandes geradores de lixo.[1]

Finalizada a análise do macroambiente e do mapeamento de como essas dimensões podem impactar o planejamento da inovação da empresa, iniciaremos a análise dos fatores que impactam de maneira mais direta a rotina da empresa, denominado *microambiente da empresa*.

---

1   Para conhecer mais sobre esse projeto, acesse o *site* da empresa: <https://www.terracycle.com.br/pt-BR>. Acesso em: 30 jun. 2018.

Análise do microambiente da inovação

A análise do microambiente tem como objetivo identificar a capacidade da empresa em atender à inovação proposta e mapear oportunidades de melhorias para o desenvolvimento de novas propostas de inovações. O que significa *microambiente*? O microambiente da empresa envolve todas as dimensões que impactam diretamente as atividades de rotina da empresa e auxiliam a definir sua capacidade competitiva perante ao mercado. É formado por fornecedores, clientes, intermediários de mercado, concorrentes e todos os públicos que estão diretamente envolvidos com a atividade da empresa, como colaboradores e grupos de interesses (Kotler; Keller, 2012).

Nesse ambiente, algumas questões devem ser levadas em consideração:

1. A **empresa** tem uma cultura voltada para a inovação?

   Nos capítulos anteriores, abordamos a importância de a empresa ter uma cultura voltada para o desenvolvimento de inovações, na qual as pessoas se envolvem e criam um ambiente propício para o processo criativo e que fomente a inovação de processos, produtos e serviços. Por exemplo, a empresa Dupont é internacionalmente reconhecida por ser inovadora, desenvolver novos produtos e patentes em parcerias com outras empresas de vários segmentos e ter uma cultura interna voltada para processos de inovação.[2]

---

2 Para saber mais, acesse o *site* da empresa: <http://www.dupont.com.br>. Acesso em: 30 jun. 2018.

2. Os **fornecedores** da empresa têm capacidade de atender aos projetos de inovação?

Em um mercado cada vez mais competitivo, a seleção de fornecedores que atuem em consonância com os objetivos da empresa pode fazer muita diferença no resultado final do processo de inovação. Para avaliar seus fornecedores, a empresa 3M utiliza um processo que envolve os seguintes critérios de avaliação: tecnologia, qualidade, resposta, data e quantidade, custo – TQRDC (3M, 2017a).

3. De que maneira os **intermediários** refletem a cultura de inovação da empresa?

Muitas empresas adotam a estratégia de intermediários de mercado para alcançar seus consumidores finais. As franquias se constituem em uma das principais situações nas quais os intermediários têm um papel extremamente relevante na entrega de valor para o cliente final da empresa. A empresa O Boticário tem mais de 3,700 mil lojas e um cuidado extremo na padronização da identidade visual de seus pontos de venda, bem como no atendimento oferecido a seus clientes. É importante destacarmos que a percepção de qualidade que o cliente final terá sobre a marca depende da maneira como o intermediário, que é o lojista franqueado da marca, irá atendê-lo. Daí sua grande importância: aos olhos do consumidor final, o intermediário é a voz da empresa, e o nível de serviço que ele oferecer, incluindo qualidade de atendimento, limpeza da loja, ambientação e disposição dos produtos nas prateleiras, fará com que ele tenha uma avaliação geral sobre a marca.

4. Qual é a participação dos **públicos** da empresa na construção do projeto de inovação da empresa?

    A empresa também deve levar em consideração os diferentes públicos e sua influência no processo de desenvolvimento de novos produtos e serviços. Estão envolvidos clientes, agentes governamentais, mídia, associações de classe e instituições financeiras que podem impactar na trajetória do projeto de inovação da empresa. A relação com a imprensa é um exemplo de como a empresa atua em relação a esses atores. Ao lançar um novo produto no mercado, é bastante comum que a empresa envie uma nota, conhecida como *release*, que esclarece os diferenciais da inovação. Um bom *release* deve ter um título impactante, um resumo com as informações mais importantes sobre o lançamento da empresa e ser bem objetivo, preferencialmente com *links* para que o leitor obtenha mais informações e o contato da empresa. Cada vez mais os consumidores participam do processo de lançamento de novos produtos por meio de *posts* opinativos e de engajamento *on-line* nas diversas plataformas digitais.

Finalizada a análise ambiental, iniciaremos uma etapa de definição da proposta de valor da inovação, que deve ser diferenciada com relação aos atuais concorrentes do mercado.

Criação de valor pela inovação

O fato de uma empresa ter um papel de destaque em termos de inovação dentro de um setor não significa necessariamente que terá melhores resultados em termos econômicos e financeiros, pois isso depende muito de como a empresa consegue criar valor. Mas, afinal, o que significa *criar valor*? A criação de valor está associada à capacidade de uma empresa em identificar uma oportunidade de mercado e traduzi-la em uma vantagem competitiva por meio da chamada *diferenciação* (Kotler; Keller, 2012).

É a maneira como uma empresa oferta um novo produto ou serviço com base na satisfação das necessidades dos potenciais clientes, de tal modo que o valor percebido por essa relação de troca se torna vantajoso sob a ótica do cliente. Essa proposição de valor deve ser relevante aos olhos do consumidor e diferenciada no mercado, pois, se a empresa escolher uma proposta de valor idêntica à dos concorrentes, sob a ótica do consumidor todas as empresas atuarão de maneira exatamente igual.

Essa criação de valor relevante e diferenciada também passa pela viabilidade comercial da inovação, bem como do quão exclusiva e protegida é essa nova proposta em termos de proteção intelectual, patentes industriais e desenvolvimento tecnológico. Em uma realidade de mercado globalizado, competitivo e volátil, fica cada vez mais complexo para a empresa identificar um posicionamento de mercado e uma proposta de inovação que reflitam um valor considerado justo pelo cliente. Vale lembrarmos que o valor não se refere somente ao montante de dinheiro que um cliente paga para obter um produto ou serviço, mas também ao resultado percebido entre os benefícios (funcionais e emocionais) e os custos (monetários, temporais e psicológicos) envolvidos na transação após a experiência de compra e de consumo (Kotler; Keller, 2012).

Em uma realidade de mercado que oferece mais e mais produtos, os quais estão cada vez mais parecidos uns com os outros e com proposta de valor muito similar entre si, existe a construção de um cenário no qual o fator de tomada de decisão por parte do consumidor se pauta exclusivamente no preço. Para conseguir criar valor e sair desse cenário extremamente competitivo, denominado *Oceano Vermelho*, os autores Kim e Mauborgne (2005) criaram o famoso conceito de Oceano Azul, que propõe a identificação de novos mercados ainda não explorados, nos quais a ausência de competição proporciona resultados muito melhores para as empresas – um deles é a Estrutura de Seis Caminhos, demonstradas no Quadro 4.2.

Quadro 4.2 – De Competição Oceano Vermelho para criação do Oceano Azul

	Competição Oceano Vermelho	Criação do Oceano Azul
Indústria	Foco nos rivais dentro do próprio setor	Procura por setores alternativos
Grupos estratégicos	Foco na posição competitiva dentro do grupo estratégico	Procura por grupos estratégicos dentro do setor
Grupos de compradores	Foco em servir melhor o grupo de compradores	Redefinição do grupo de compradores do setor
Escopo da oferta de produtos ou serviços	Foco em maximizar o valor das ofertas de produtos e de serviços dentro das fronteiras do próprio setor	Procura pela oferta de produtos e de serviços complementares
Orientação funcional – emocional	Foco na melhoria do desempenho de preço dentro da orientação funcional-emocional do setor	Repensamento do apelo funcional-emocional do setor
Tempo	Foco em se adaptar à ocorrências das tendências externas conforme elas acontecem	Participação do desenvolvimento das tendências externas ao longo do tempo

Fonte: Kim; Mauborgne, 2005, p. 79, tradução nossa.

Ao apresentar uma proposta de valor com base no alinhamento entre o valor diferenciado, a lucratividade da empresa e a exploração de nichos de diferentes mercados, a empresa abre novos horizontes e consegue definir uma estratégia de atuação focada em um cenário diferenciado. A empresa Nespresso conseguiu implementar a estratégia do Oceano Azul em um mercado maduro e muito competitivo ao combinar diferenciação por inovação e foco na experiência diferenciada do consumidor. A partir de um produto considerado uma *commodity*[3], que é o grão de café, a empresa definiu uma estratégia voltada para um nicho de mercado de luxo, com uma proposta de valor focada na experiência do consumidor, oferecendo ao cliente aquilo que ele mais valoriza.

Para conseguir interagir diretamente com esse consumidor a empresa criou lojas exclusivas e diferenciadas, localizadas em *shoppings centers* voltados para o mercado de luxo em cidades estratégicas em termos de visibilidade de mercado. Somado a essa estratégia, a Nespresso desenvolveu uma comunicação de requinte, luxo e sofisticação com o ator George Clooney. Por fim, o foco na construção de uma experiência de consumo fez com que o consumidor se sentisse valorizado pela marca, o que foi implementado por meio da construção de uma base de dados de clientes que registra em um sistema único as preferências de aromas e de intensidade de café. Ao entrar pela primeira vez em uma loja, o consumidor é surpreendido pelo atendimento, pois já constam todas as informações de suas compras anteriores e suas preferências de consumo com relação ao produto. Isso criou uma proposta de valor verdadeiramente diferenciada, que fidelizou

---

3 Palavra utilizada para descrever produtos com baixo valor agregado. Normalmente se refere a produtos *in natura* ou com baixo grau de industrialização, como soja, café e petróleo.

o cliente e trouxe resultados significativos para a empresa em todo o mundo.

A estratégia do Oceano Azul possibilita que a empresa identifique lacunas no mercado que não foram atendidas por nenhuma outra empresa e desenvolva uma proposta de valor direcionada para esse novo mercado. Atuar sozinha em um novo mercado permite que a empresa se torne mais competitiva investindo menos, pois a concorrência é mais rara e o reconhecimento é muito maior.

Uma empresa nacional que conseguiu identificar novos mercados foram a Casas Bahia. A empresa de Samuel Klein saiu muito à frente ao ser a primeira varejista do país a trabalhar com a base da pirâmide enquanto os concorrentes disputavam os consumidores de alta renda. A empresa iniciou um processo de concessão de crédito sem a exigência de comprovação de renda, uma inovação no cenário do varejo nacional. Com isso, os consumidores que não conseguiam um crediário nas demais redes varejistas por não terem capacidade de comprovar renda, como profissionais autônomos (jardineiros, pintores e diaristas), conseguiam realizar a compra via crediário e se sentiam valorizados pelo fato de a empresa ter oferecido "um voto de confiança", vendendo móveis e eletroeletrônicos parcelados sem garantia de recebimento. Curiosamente, a rede apresenta uma das menores taxas de inadimplência do mercado quando comparada a seus concorrentes (Prahalad, 2010).

Muitas vezes, o desenvolvimento de estratégias para identificação de novos mercados envolve a criação de propostas de produtos e de serviços que, caso não estejam protegidos por uma patente, correm o risco de ser facilmente copiados pelos concorrentes. Será justamente a questão da propriedade intelectual e da patente de inovação que discutiremos na sequência.

Propriedade intelectual e patente de inovação

A criação de produtos ou de processos muitas vezes envolve o desenvolvimento de propostas inéditas que podem ser protegidas por meio de patentes. A chamada *propriedade intelectual* de uma inovação pode ser considerada uma das maiores vantagens no que se refere à criação de valor para a empresa, pois protege a inovação de cópias indevidas e possibilita ao proprietário da ideia explorar comercialmente com exclusividade todo o potencial da inovação. O valor de empresas como Google, Facebook e YouTube está bastante vinculado a sua propriedade intelectual, e não somente a seus ativos físicos.

Propriedade intelectual

Todas as criações de natureza industrial, científica, artística ou literária conferem direitos a seus autores por determinado período de tempo. No Brasil, o Instituto Nacional de Propriedade Industrial (Inpi) é o responsável por gerir o registro e a concessão de patentes e tem sua atuação com base na Lei de Propriedade Industrial – Lei n. 9.279, de 14 de maio de 1996 (Brasil, 1996) –, que regula direitos e obrigações relativos à propriedade industrial e define invenções e modelos de utilidade patenteáveis, bem como condições para pedido de patente.

Uma **patente** é uma concessão para o autor de uma invenção de um direito de exclusividade de exploração comercial por determinado período de tempo. Passado o período de concessão, a inovação fica à disposição de outras empresas, que podem explorar comercialmente a ideia. Entre os requisitos legais necessários para a concessão de uma patente estão: envolver uma novidade; tratar-se de uma atividade inventiva; e apresentar uma utilidade ou aplicação industrial. Um dos brasileiros notórios e reconhecidos mundialmente por suas invenções foi o mineiro Alberto Santos Dumont, que inventou o relógio de pulso e o primeiro avião do mundo, o 14-bis. O avião se tornou uma das disputas mais famosas do mundo em termos de patente, uma vez que, além de Santos Dumont, os irmãos Wright reivindicaram o título de pioneiros da criação.

Apesar de haver legislação e regulamentação específicas para o tema, a realidade do Brasil em termos de propriedade intelectual não é das mais favoráveis para os inventores. Silveira (2017) destaca que o país encerrou o ano de 2016 com mais de 240 mil patentes e 422 mil marcas na fila de registro para análise do Inpi, o que resulta em um prazo médio de 11 anos para o registro da patente de um novo produto. O Brasil é o 30º colocado no *ranking* mundial em termos de registro de patentes, liderado por Estados Unidos, Japão, China, Coreia do Sul e Alemanha.

Esse cenário coloca o país em uma desvantagem em relação aos demais países, pois a velocidade em que uma patente é registrada aqui não condiz com a realidade do mercado. Para termos uma ideia de como a tecnologia evolui de maneira muito mais rápida do que o processo de registro de patentes, em 2016 foi concedida a uma empresa brasileira a patente de um modelo de celular com flip, sem *touchscreen* ou acesso à internet, o que seria impensável atualmente pela indústria do setor (Lepri, 2016).

A criação de valor por meio da inovação é um caminho que traz competitividade para a empresa e diminui os riscos do negócio, uma vez que sua lógica está pautada na satisfação de necessidades dos consumidores, que ainda não são atendidas pelo mercado e muitas vezes podem ter sua origem em outros segmentos de mercado, com o uso da transferência de tecnologia, assunto que será abordado mais adiante neste livro. Lembremos que a Coca-Cola foi inicialmente projetada pelo farmacêutico John Pemberton como remédio e que somente depois de ser vendida ao empresário Asa Griggs Candler é que ganhou uma nova dimensão no mercado, mais próxima do que representa atualmente.

Registro de marca × registro de patente

Muitas pessoas confundem o registro de marca com o registro de patente. Você sabe a diferença entre os dois e em quais situações cada um deles é utilizado? Ambos se referem à propriedade intelectual e estão vinculados ao registro contábil de ativos imobilizados da empresa. Uma marca tem como objetivo diferenciar produtos e serviços ofertados no mercado por meio de um símbolo — um sinal que identifica que o produto pertence a determinada empresa. Ao realizar o registro da empresa, o titular da patente passa a ter o direito de explorar com exclusividade aquele sinal no mercado para identificação de seus produtos e serviços.

O **registro de patente**, como já detalhado, refere-se a um título concedido pelo Inpi que protege uma invenção da empresa sobre produto ou processo. Já o **registro de marca** refere-se à proteção do nome e do símbolo que identifica a empresa, garantindo a exclusividade de uso à proprietária da marca. O registro de marca é aplicado para segmentos de mercado específicos. Ao realizar o registro de uma marca para atuar na fabricação de alimentos orgânicos, por exemplo, a empresa terá exclusividade de exploração da marca somente nesse setor. Caso a empresa atue em mais de um segmento de mercado, é necessária a realização de mais de um registro de marca para garantir a propriedade intelectual.

É importante também fazermos uma diferenciação entre o registro do nome da empresa, conhecido como **Razão Social** e o **Nome Fantasia**, pois nem sempre apresentam o mesmo conceito. A Razão Social da empresa é o nome pelo qual se realiza o registro na Junta Comercial, dado à Pessoa Jurídica da empresa e que aparecerá nos contratos com os clientes e nos demais documentos, como o Contrato Social e os documentos de cartório. Já o **Nome Fantasia** se refere ao nome pelo qual a empresa é conhecida popularmente em sua estratégia de *marketing*, utilizado para a divulgação dos produtos. Você conhece a empresa Arcos Dourados Comércio de Alimentos Ltda.? Talvez não com esse nome, que é sua Razão Social, mas seu nome fantasia, *McDonald's*, certamente você conhece. O mesmo se aplica à empresa Via Varejo SA., mais conhecida como *Casas Bahia*, a rede varejista de móveis e eletrodomésticos mais popular do país.

O registro da marca é fundamental para proteger legalmente a empresa no mercado, uma vez que a marca faz parte dos bens intangíveis da empresa e muitas vezes tem valor superior aos ativos tangíveis. Entre as marcas mais valiosas do mundo segundo a *Forbes*, a empresa Apple está em primeiro lugar, com valor estimado em US$ 170 bilhões, seguida por Google, Microsoft e Facebook, com US$ 101,8 bilhões, US$ 87 bilhões e US$ 73,5 bilhões, respectivamente (Forbes, 2018b).

Vale lembrarmos que o processo de desenvolvimento da inovação não precisa ser realizado de maneira isolada pela empresa e que as parcerias podem ser uma alternativa muito valiosa nesse sentido, o que detalharemos a seguir.

Joint ventures e alianças para inovação

Após explorarmos a importância da propriedade intelectual e da criação de inovações pela empresa, ficam as dúvidas: A empresa deve realizar seu processo de desenvolvimento de inovações sozinha? É necessário que a empresa realize a busca por oportunidades de mercado de modo isolado? A resposta é **não**; ela não apenas pode se somar a outros parceiros para a realização dessas atividades como é muito aconselhável que o faça, uma vez que os frutos das parcerias podem render produtos e serviços diferenciados e competitivos no mercado, além de otimizar recursos pela troca de informações e de conhecimento entre as empresas.

O processo de inovação, como já vimos, exige da empresa um planejamento que envolve investimentos, riscos e mobilização de recursos. Nesse contexto, o estabelecimento de alianças, parcerias ou *joint ventures* com outras empresas pode ser uma alternativa para minimizar os riscos financeiros da inovação, além de possibilitar maior eficácia ao reduzir o tempo e os custos para o desenvolvimento de novos projetos e o lançamento de inovações no mercado.

Imagine que você está pensando em agregar valor o seu produto por meio de inovações que envolvam o uso de geolocalização, mas sua empresa não tem *know-how*[4] no uso dessa tecnologia. Faz muito sentido que você busque um parceiro que tenha a experiência tecnológica com a aplicação em outros tipos de produtos para minimizar o investimento que seria necessário caso resolvesse

---

4   Palavra de origem inglesa que se refere à capacidade de uma empresa ou de um profissional para a realização de uma tarefa e está relacionada ao conhecimento prático e à experiência anterior na atividade.

realizar o projeto sozinho desde o início. Assim, a empresa que já tem o *know-how* da tecnologia também ganha, pois está abrindo novos horizontes e novos mercados por meio da aplicação tecnológica que já tinha em sua base de conhecimento. Sim, o conhecimento e a troca de informações podem ser apontados como uma das principais contribuições desse processo de parcerias.

Uma *joint venture* pode ser entendida como a parceria temporária entre duas empresas com algum objetivo (interesse) em comum e que podem combinar seus recursos para potencializar os resultados, uma vez que cada parte contribuirá com aquilo que tem de mais valioso. As empresas Honda Motor Co. e Hitachi Automotive Systems, por exemplo, anunciaram em fevereiro de 2017 a criação de uma *joint venture* que terá como foco a fabricação e a comercialização de veículos elétricos, em um projeto na cidade japonesa de Ibaraki que envolve o investimento de ¥ 5 bilhões (equivalente a cerca de US$ 45 milhões de dólares).

Mas nem tudo são flores nesses processos de alianças para desenvolvimento de projetos de inovação. Conflitos de interesses podem surgir e alguns riscos também fazem parte dessas uniões, como o acesso a dados confidenciais e vazamento de informações estratégicas. Tais conflitos se fortalecem quando as empresas são concorrentes em algum segmento de mercado, quando se busca por resultados diferentes com relação ao propósito da parceria, bem como em situações que envolvam um processo desigual de transferência (troca) de conhecimento entre as duas empresas, no qual uma passa seu *know-how* sobre determinada tecnologia, mas a outra não.

O desequilíbrio entre as partes no processo de parceria pode ser apontado como um dos principais motivos de conflitos e de rompimento. Muitas vezes a parceria acontece nos moldes da famosa fábula da parceria da galinha com o porco, que decidiram oferecer ovos com *bacon* ao mercado; a ideia inicial parecia fantástica, já que o produto tinha alta demanda e um potencial enorme de crescimento, porém, com o passar do tempo, o porco percebeu que a galinha produzia os ovos sem nenhum comprometimento, enquanto ele perdia uma parte de si mesmo a cada vez que tinha de entregar o *bacon*.

Um processo de colaboração entre duas empresas deve envolver uma relação ganha-ganha, uma troca que traz um resultado maior do que aquele que as duas empresas teriam caso tivessem seguido seus caminhos isoladamente. Relações como a da galinha e do porco trazem um desequilíbrio de esforços e de risco entre as partes, e como consequência o resultado final é desigual e muitas vezes injusto. A aliança deve ser percebida como estratégica entre as empresas parceiras, o que exige colaboração, troca de informações, aprendizado e confiança mútua para que os resultados sejam igualmente distribuídos entre as partes e todos saiam ganhando.

Uma das maneiras de se estabelecer parcerias para o desenvolvimento de inovações é por meio das incubadoras tecnológicas ou pela criação de parques tecnológicos. As incubadoras são espaços organizados para apoiar micro e pequenas empresas em fase de criação, geralmente localizadas em uma instituição acadêmica ou em uma empresa de grande porte que tem interesse no desenvolvimento tecnológico da área de atuação da empresa incubada. Tidd e Bessant (2015), ao analisarem esse movimento, citam exemplos de incubadoras mundialmente conhecidas: a Stanford, onde se originou o Vale do Silício, e o Massachussets Institute of Technology (MIT), cujos alunos criaram 200 empresas de base tecnológica. Já com relação às empresas incubadoras, os mesmos autores destacam a empresa Xerox, que criou seu centro de pesquisa na cidade de Palo Alto, na Califórnia, e originou mais de 20 empresas *spin-offs*, que são uma tecnologia ou empresa originada a partir de outra.

Dados da Associação Nacional de Entidades Promotoras de Empreendimentos Inovadores (Anprotec, 2016) mostram que no Brasil existem aproximadamente 370 incubadoras em operação, contemplando mais de 5.125 empresas (2.310 incubadas e 2.815 graduadas), sendo que o faturamento totaliza R$ 15.259.073.147,86 com a geração direta de 53.280 empregos. Isso demonstra sua enorme importância para o desenvolvimento socioeconômico do país, bem como para a formação do ecossistemta empresarial e para o desenvolvimento de empreendedores e de empreendimentos sólidos e inovadores.

Adjacente ao conceito de incubadora, vem surgindo outro termo, muito vinculado à economia criativa: *aceleradora*. Esta tem uma lógica de atuação muito parecida com uma incubadora, porém com foco em empresas com potencial de crescimento muito rápido no mercado por meio da identificação de oportunidades de mercado inexploradas, normalmente tratando-se de *startups*. Entre as *startups* famosas que passaram por aceleradoras podemos mencionar Airbnb e Dropbox, ambas com uma trajetória marcada por um rápido crescimento de mercado com base em uma proposta diferenciada e inexplorada em seus segmentos de atuação. A Airbnb trouxe uma verdadeira revolução no modo como as pessoas se hospedam e vivenciam suas experiências de viagem ao redor do mundo, enquanto o Dropbox mudou a maneira como o armazenamento e o compartilhamento de arquivos acontece entre as pessoas.

Já os parques tecnológicos envolvem empresas geograficamente próximas, mas de diferentes naturezas, com o envolvimento de uma instituição de ensino e que atuam de maneira colaborativa em um ambiente propício para a inovação tecnológica. O objetivo é aumentar a competitividade das empresas participantes pelo desenvolvimento de produtos e serviços inovadores para o mercado. Entre os vários parques tecnológicos do Brasil, destacamos: o Porto Digital, localizado em Recife; o Parque Tecnológico de San Pedro Valley, em Belo Horizonte; o Parque Tecnológico do Rio de Janeiro; o Parque Tecnológico do Vale da Eletrônica, em Santana do Sapucaí; o Polo Tecnológico Sapiens, de Florianópolis; e o Parque Tecnológico do Vale dos Sinos, situado no Rio Grande do Sul (Anprotec, 2016).

Uma das empresas brasileiras mais reconhecidas internacionalmente é a Embraer, fruto de uma iniciativa do governo brasileiro para a implantação de uma indústria aeronáutica no país com o envolvimento do Instituto Tecnológico de Aeronáutica (ITA) e outras instituições. A empresa que iniciou suas atividades em 1969 de forma modesta hoje é uma potência mundial no setor em que atua. Vale lembrarmos que o contexto no qual o processo de inovação acontece impacta na velocidade e na trajetória que uma tecnologia pode tomar em determinado país. Nesse sentido, o papel dos diferentes atores no processo de inovação é fundamental e constitui o chamado *Sistema Nacional de Inovação*, detalhado a seguir.

Sistema Nacional de Inovação

Falamos anteriormente que a inovação não acontece de modo isolado; para inovar, a empresa conta com uma série de atores que interagem em um amplo contexto, conhecido como *sistema de inovação*. Lundvall (2010, p. 2) define um Sistema Nacional de Inovação como "elementos e a relação entre estes elementos que interagem na produção, difusão e uso de conhecimentos novos e economicamente úteis". Um sistema de inovação envolve uma rede de atores das mais variadas naturezas (indústrias, institutos de pesquisa, instituições de ensino e de financiamento e órgãos governamentais) com objetivos, atividades e interesses em comum e que contribuem para o desenvolvimento de uma nova tecnologia ou inovação dentro de um contexto por meio de processos de trocas de informação, aprendizado, colaboração, regulação ou, ainda, normatização. Tais sistemas delimitam as fronteiras de atuação, delineando a trajetória de tecnologias e de inovações, e favorecem o desenvolvimento de inovações condizentes com as necessidades do mercado.

Um sistema de inovação nos chamados *países em desenvolvimento* envolve uma série de elementos diferenciados que atendem às particularidades desse contexto, como condições socioeconômicas, processo de aprendizagem e transferência de conhecimento, que visam atender às específicas necessidades dos países no que se refere à redução da pobreza e à inclusão social, em que os governos são implicitamente assumidos como entidades benevolentes impulsionadoras do processo de inovação (Altenburg, 2009).

Pensemos em um exemplo que envolve uma tecnologia emergente no Brasil, como a energia solar fotovoltaica. O sistema de inovação para o uso e a disseminação dessa tecnologia depende de diversos atores que fazem parte do Sistema Nacional de Inovação para a Energia Solar Fotovoltaica, divididos por Carstens, Kamp e Cunha (2016) em sete tipos: indústria de painéis solares; instituições governamentais (como o Ministério de Minas e Energia e a Agência Nacional de Energia Elétrica – Aneel); associações e organizações não governamentais (ONGs) (como a Associação Brasileira de Energia Solar Fotovoltaica – Absolar e a associação Brasileira de Geração de Energia Limpa – Abragel); instituições de financiamento (Banco Nacional de Desenvolvimento Econômico e Social – BNDES e bancos regionais); instituições de ensino e de formação profissional; empresas de geração centralizada (grandes geradores de energia solar); e geração distribuída (microgeradores residenciais). Cada um desses atores tem um papel diferenciado e uma influência no processo de uso e de disseminação da tecnologia para a energia solar no Brasil. Por exemplo, o Ministério de Minas e Energia, por meio de seus leilões de energia específicos para a geração de energia solar, fomentou o desenvolvimento dessa tecnologia no país por meio da instalação de grandes plantas de geração de energia; o BNDES também contribuiu com esse processo ao ofertar linhas de financiamento vantajosas para incentivar a produção da indústria nacional por meio da fabricação de painéis solares nacionais, e assim por diante. A soma de todas essas iniciativas fez com que novas tecnologias para a energia solar fossem desenvolvidas e disseminadas no Brasil e mudassem a trajetória do setor como um todo, possibilitando novas oportunidades de negócios e a geração de emprego e de renda pelo desenvolvimento e pela consolidação dessa nova tecnologia no país.

O mesmo processo vale para todas as áreas de conhecimento e diferentes setores da economia. Um Sistema Nacional de Inovação favorece a troca de informações, o processo de aprendizado entre os atores e a disseminação de novas tecnologias de forma muito mais rápida e efetiva do que se cada um dos atores estivesse agindo isoladamente. O Brasil, assim como muitos países em desenvolvimento, tem um Sistema Nacional de Inovação considerado pouco eficiente e desenvolvido, especialmente quando comparado com países maduros, como a Alemanha, onde o sistema de inovação é composto por um grande número de organizações que estudam as oportunidades de mercado e definem as políticas para o fomento de novas tecnologias e inovações com o objetivo de garantir maior competitividade.

A atuação de empresas de diferentes naturezas em torno de uma mesma tecnologia influencia a velocidade e a trajetória de uma inovação. Nesse sentido, a compreensão dos Sistemas Nacionais de Inovação esclarece as particularidades de cada país, destacando os desafios e as oportunidades para o desenvolvimento de uma indústria. Quando o Sistema Nacional de Inovação de um país se encontra em um estágio de desenvolvimento, como é o caso do Brasil, pode-se perceber que há uma forte dependência de parcerias e de acesso ao conhecimento e às tecnologias oriundas de outros países, especialmente aqueles com liderança em termos de inovação e de tecnologia, como Estados Unidos e Japão.

A dependência do Brasil com relação às tecnologias estrangeiras tem diversas motivações, sendo a principal delas o fraco desenvolvimento industrial do país, cuja trajetória histórica é marcada principalmente pelo aumento em volume de produção, e não no desenvolvimento de novas tecnologias e inovações. Ou seja, o país cresce muito em volume de produção, mas não em produtividade, o que faz que a competitividade das indústrias nacionais permaneça baixa ao longo do tempo. Outra motivação para o pequeno amadurecimento do Sistema Nacional de Inovação no Brasil está relacionada à educação, considerada de baixa qualidade e pouco voltada para o fomento do desenvolvimento de novas tecnologias e para uma formação técnica de qualidade nas mais diversas áreas do conhecimento.

Além disso, podemos mencionar as crises política, social e econômica como motivos para o baixo amadurecimento do Sistema Nacional de Inovação, em virtude de problemas sociais e econômicos crônicos que o país tem enfrentado ao longo das últimas décadas. Uma das medidas que demonstram a dimensão desse problema é o coeficiente Gini, indicador mundialmente utilizado para mensurar a desigualdade social, desenvolvido em 1912 pelo estatístico italiano Corrado Gini. Segundo o *ranking* do Índice de Gini, o Brasil é o décimo país mais desigual do mundo, resultado considerado muito elevado e apontado por alguns pesquisadores como o principal entrave para o desenvolvimento tecnológico (Corrêa, 2017).

Tendo em vista a grande contribuição que as questões relacionadas à formação de políticas para o fomento de tecnologia e de inovação têm no amadurecimento do Sistema Nacional de Inovação, falaremos mais sobre essas políticas.

Políticas de ciência, tecnologia e inovação no Brasil

As políticas públicas em torno de atividades e incentivos para novas tecnologias são motivadas especialmente pela relação já bastante analisada em estudos científicos entre tecnologia e inovação e o desenvolvimento social e econômico das regiões nas quais as inovações tecnológicas são aplicadas. Há um entendimento de que os governos em todo o mundo têm um papel relevante no processo de disseminação de uma nova tecnologia ou inovação, ao criar formas de incentivo – seja de natureza fiscal, seja financeira – para que as empresas que atuam em determinado setor da economia possam desenvolver inovações e lançar novos produtos e serviços no mercado. Ao criar incentivos para o desenvolvimento de determinada tecnologia, o governo não somente fomenta o desenvolvimento da tecnologia mas também direciona mais especificamente os investimentos do setor para uma tecnologia.

Três elementos são essenciais na elaboração de políticas de ciência, tecnologia e inovação (Cavalcante, 2010):

1. a perspectiva sobre os mecanismos de transmissão das atividades relacionadas às políticas que promovam ou favoreçam o desenvolvimento econômico e social;
2. o estabelecimento de diretrizes com base nesse entendimento;
3. as estratégias para alcançar tais objetivos.

Dentre as políticas de incentivo ao desenvolvimento de novas tecnologias e inovação no Brasil se destacam os incentivos fiscais e financeiros, os fundos de financiamentos ofertados por instituições de nível nacional e regional e as legislações específicas aplicadas ao incentivo para o desenvolvimento de inovação e de tecnologia. O Ministério da Ciência, Tecnologia e Inovação tem como compromisso o estabelecimento de uma política nacional para o desenvolvimento de pesquisa científica, tecnológica e inovação no país por meio de diversos tipos de incentivos, como bolsas de formação e científicas, registro de patentes e investimento em inovação.

Ainda no ambiente governamental, podemos citar algumas leis de fomento à inovação e ao desenvolvimento tecnológico, sendo que as principais estão detalhadas no Quadro 4.3.

Quadro 4.3 Leis nacionais de incentivo à inovação e ao desenvolvimento tecnológico

Lei	Descrição
Lei n. 10.973, de 2 de dezembro de 2004	Incentiva a inovação e a pesquisa científica e tecnológica no ambiente produtivo; seu escopo envolve o estabelecimento de parcerias estratégias entre instituições de ensino, institutos tecnológicos e empresas privadas, bem como o estímulo de inovação à empresa e à participação de institutos de ciência e tecnologia no processo de inovação.
Lei n. 11.196, de 21 de novembro de 2005	Também conhecida como "Lei do Bem", oferece incentivos fiscais às Pessoas Jurídicas que realizarem pesquisa, desenvolvimento e inovação tecnológica no país; tem aplicabilidade ampla, podendo ser utilizada em diversos setores da economia.
Lei n. 8.248, de 23 de outubro de 1991	Concede incentivos fiscais por meio da redução de Imposto sobre Produtos Industrializados (IPI) para empresas de *hardware* que investirem em pesquisa e desenvolvimento; os bens e os serviços contemplados estão detalhados no art. 2 do Decreto n. 5.906/2006.
Lei n. 13.243, de 11 de janeiro de 2016	Estimula o desenvolvimento científico, a pesquisa, a capacitação científica e tecnológica e a inovação.

Vale lembrarmos que muitos estados do Brasil criaram leis para fomentar a inovação, autorizando e facilitando o licenciamento de patentes e a transferência de tecnologias. Como consequência, fortalecem os Sistemas Estaduais de Inovação em seus respectivos territórios. Também podemos mencionar, além de leis e de incentivos ficais, iniciativas governamentais para o fomento de novas tecnologias realizadas por empresas públicas que promovem a integração internacional, o apoio e o financiamento por meio de chamadas públicas para impulsionar a inovação, como a Financiadora de Estudos e Projetos (Finep) – uma empresa vinculada ao Ministério da Ciência, Tecnologia, Inovações e Comunicações. Tais chamadas envolvem desde investimentos em *startups* inovadoras até planos de cooperação entre empresas e apoio institucional de Ciência, Tecnologia e Inovação.[5]

Essa participação do Estado por meio de incentivos à inovação no setor produtivo traz inúmeros benefícios para ambos os lados: nas empresas, favorecem ações de P&D e facilitam o desenvolvimento de novos produtos e serviços; por outro lado, podem desenvolver áreas consideradas prioritárias pelo governo, como energia renovável, tecnologias aplicadas ao setor de educação e saúde ou, ainda, infraestrutura, prática já bastante adotada por países da Organização de Cooperação e Desenvolvimento Econômico (OCDE). Porém, o Estado não pode nem deve ser considerado o único responsável pela estruturação e pelo desenvolvimento de um Sistema Nacional de Inovação, sendo um ator facilitador do processo de inovação, e não o executor das atividades inovativas.

Para a definição das políticas de incentivo, também devem ser levadas em conta variáveis macros, como o sistema educacional, o contexto macroeconômico, a infraestrutura instalada e os fatores condicionantes de mercado, como a produtividade, a movimentação dos postos de trabalho e a inserção e a competitividade do setor no mercado internacional (Carstens, 2016).

Com base em interesses em comum, um grupo de empresas ou de instituições pode agir de maneira conjunta para atingir os objetivos estratégicos de um grupo de atores. Esse movimento é pouco praticado no Brasil, mas muito comum, chamado *lobby ou lobbying*. Historicamente, no Brasil, o termo *lobby* ganhou uma conotação pejorativa, pois muitos atribuíam seu significado a uma "troca de favores" com a finalidade de obter algum tipo de vantagem pessoal; porém, em sua essência, não está relacionado

---

[5] Saiba mais no *site*: <http://www.finep.gov.br>. Acesso em: 30 jun. 2018.

a atividades ilícitas, e sim a uma atividade exercida com o Poder Público para atender às demandas dos diferentes atores de algum setor da economia, representados por todos os *stakeholders*, especialmente no que se refere a políticas de incentivo e medidas de apoio ao setor privado.

Um exemplo de *lobby* é o da energia verde, que busca o estabelecimento de políticas a favor da utilização de energias renováveis e que reúne, entre outras iniciativas, o RE100, grupo formado por mais de 100 empresas influentes e comprometidas com a energia elétrica de origem 100% renovável. A empresa Tetra Pak, com uma planta próxima à cidade paranaense de Ponta Grossa, já utiliza 100% de sua energia de origem renovável no estado e afirma que pretende implantar a mesma prática em mais de 40 plantas ao redor do mundo. Ao migrar sua operação para energia verde, essas empresas incentivam seus fornecedores a seguir o exemplo, pressionando até mesmo instituições governamentais para a definição de políticas específicas a essas práticas.

Para finalizarmos nossa análise sobre o cenário da inovação do Brasil, aprofundaremos um pouco mais na realidade atual do Brasil em termos de inovação.

Retrato da atividade de inovação no Brasil

De que modo as empresas investem em inovação no Brasil? Qual é o percentual de investimento em atividades de P&D entre as empresas brasileiras? O Brasil não tem tradição em termos de inovação no cenário mundial, investindo cerca de 0,61% do PIB nacional em atividades de P&D, segundo dados da Pesquisa de Inovação – Pintec, que é divulgada trienalmente pelo Instituto

Brasileiro de Geografia e Estatística (IBGE, 2016) e tem como objetivo trazer um panorama sobre a inovação nas empresas do Brasil. A última edição da pesquisa, publicada em 2016 e que contempla o período entre 2012 e 2014, mostra uma taxa geral de inovação de 36% e um crescimento de 25% no investimento em atividades inovativas, que representaram R$ 81,49 bilhões no período analisado (IBGE, 2016).

Apesar do crescimento, podemos dizer que o cenário da atividade de inovação empresarial no Brasil não é otimista, uma vez que fatores como a recessão econômica pela qual o país passa, somados à tímida inserção da indústria brasileira na economia global e ao baixo impacto que as inovações realizadas pelas empresas nacionais trazem em termos mundiais, fazem com que as perspectivas para os próximos anos sejam de desaceleração da atividade inovativa no país. Dados da Pintec (IBGE, 2016) mostram que os custos elevados, seguidos pelos riscos econômicos, pela instabilidade e pela escassez de mão de obra qualificada, levam as empresas a não investirem em atividades de inovação.

Ações de incentivo fiscal e de apoio governamental foram apontadas na Pintec como muito relevantes no processo de inovação, e podemos identificar que as inovações realizadas contemplam, em grande parte, projetos de aquisição de novas máquinas e de equipamentos, em tímidas melhorias de processos e de desenvolvimento realmente originais e inovadores para o mercado. O panorama da inovação no Brasil mostra que a maioria das empresas pratica inovações incrementais, muito mais voltadas para processo do que para produto, com poucas atividades de P&D; e que as empresas de maior porte têm taxa de inovação mais elevada devido, entre outros fatores, a sua maior capacidade de acesso a recursos, a maior acesso a redes institucionais de pesquisa e a maior possibilidade de contratação de mão de obra qualificada (IBGE, 2016).

Considerando que mais de 90% das empresas nacionais são de pequeno ou médio portes, abordaremos a questão da inovação entre essas empresas. No contexto nacional, poucas são as micro e pequenas empresas (MPEs) com cultura voltada à inovação e ao desenvolvimento tecnológico. Isso acontece por uma série de motivos, entre eles a pouca oferta de incentivos ficais para inovação e o baixo volume de capital de giro, que faz com que necessitem priorizar suas atividades de rotina, bem como a falta de inserção em redes de fomento e de desenvolvimento de novas tecnologias e a ausência de uma cultura voltada para a inovação, que fazem com que o microempresário perceba que a questão da inovação é essencial para sua sobrevivência no mercado e se sinta motivado a desenvolver de forma intensa um planejamento estratégico voltado para iniciativas inovadoras.

É claro que nem todas as MPEs do Brasil são assim. Existem muitas empresas de micro e pequeno portes que inovam, ofertam produtos e serviços diferenciados no mercado e conseguem chamar atenção de grandes empresas que atuam em seu segmento de mercado. A Empresa Contabilizei foi criada em 2012 com uma proposta diferenciada em um mercado bastante tradicional de serviços contábeis. A empresa surgiu com uma inovação disruptiva no segmento de contabilidade ao oferecer serviços de contabilidade *on-line* em uma plataforma inovadora, focada especialmente na gestão contábil de micro e pequenas empresas. Desde sua fundação, cresceu imensamente com a proposta de democratizar a contabilidade para seus clientes, criando uma movimentação entre os concorrentes do setor que buscam se atualizar e modificar suas práticas de atuação. Hoje, a empresa acumula milhares de clientes nas principais cidades do país e foi reconhecida como o escritório de contabilidade mais inovador do mundo pela revista *FastCompany*.

Exemplos como esse ainda são raridade dentro do enorme universo de MPEs atualmente em operação no Brasil, porém pouco a pouco as empresas se atentam para a necessidade e os benefícios de inovar e a tendência é de que tenhamos um cenário de empresas mais inovadoras nos próximos anos.

Síntese

Neste capítulo, tratamos da análise ambiental da inovação e pudemos perceber a relevância dos elementos macro e microambientais para o planejamento da inovação na empresa. Também analisamos o processo de criação de valor pela inovação, que pode conferir maior competitividade à empresa em cenários altamente competitivos. Descrevemos também o processo de propriedade intelectual e de registro de patentes, elemento fundamental para garantir a exclusividade no uso e na exploração das inovações por parte da empresa.

Vimos, ainda, a importância dos parceiros no processo de inovação, em diferentes modalidades de cooperação, como as *joint ventures* e as alianças estratégicas para a troca de conhecimentos e o desenvolvimento de novos produtos. Por fim, falamos sobre três elementos fundamentais para descrever o atual cenário da inovação no país: o Sistema Nacional de Inovação; as políticas de ciência, tecnologia e inovação que fomentam a pesquisa; e o desenvolvimento do processo inovativo. Fechamos descrevendo o retrato da atividade de inovação no Brasil.

Questões para revisão

1. O ambiente da empresa, tanto na dimensão macro quanto na micro, é um elemento essencial para o planejamento da inovação. Tomando por base os conceitos sobre o macroambiente da empresa, assinale a alternativa correta.
   a) O macroambiente da empresa é formado pelos elementos que impactam diretamente na rotina, tais como colaboradores, fornecedores e clientes.
   b) Questões legais e ambientais fazem parte do macroambiente da empresa e devem ser levadas em consideração na elaboração do planejamento da inovação.
   c) O macroambiente não tem nenhuma influência sobre o planejamento da inovação, pois suas dimensões não interferem na empresa.
   d) As variáveis que fazem parte da economia, como o PIB e o endividamento do país, fazem parte do macroambiente e não devem ser levados em consideração pelo plano de inovação, uma vez que não exercem influência sobre ele.
   e) Os fornecedores fazem parte do macroambiente da empresa, pois estão localizados em um ambiente externo a ela.

2. A propriedade intelectual traz uma vantagem competitiva para a empresa proprietária ao garantir a seu criador a proteção da inovação. Sobre esse conceito, assinale a alternativa correta.
   a) Uma patente é uma concessão para o autor de uma invenção de um direito de exclusividade de exploração comercial de sua inovação para sempre, ou seja, a empresa pode utilizar a ideia sempre e da maneira que desejar.

b) O Brasil pode ser considerado um país líder em termos de registro de patente e está entre os primeiros do mundo no que se refere a patentes de inovação.
c) Ser uma novidade, tratar-se de uma atividade inventiva e apresentar uma utilidade ou aplicação industrial são alguns dos requisitos para o registro de uma patente.
d) O registro de patente é suficiente para garantir o direito de uso exclusivo da marca por parte da empresa em todos os mercados do mundo.
e) Apesar de trazer vantagem competitiva, a propriedade intelectual não é um fator considerado como agregador de valor a uma empresa.

3. As parcerias entre empresas para a realização de projetos de inovação podem ser apontadas como uma alternativa promissora para ambos as organizações envolvidas. Sobre esse processo, avalie as seguintes afirmações:

   I. Parcerias entre empresas para o desenvolvimento de projetos de inovação se constituem como uma oportunidade de aprendizagem e de trocas de conhecimento.
   II. Existe uma relação de competição entre as empresas que realizam *joint venture* e por isso não se pode compartilhar informações entre elas.

   Sobre essas afirmações, assinale a alternativa correta.

   a) As duas afirmações são verdadeiras e a segunda justifica a primeira.
   b) As duas afirmações são verdadeiras, mas a segunda não justifica a primeira.
   c) A primeira afirmação é verdadeira e a segunda é falsa.
   d) A primeira afirmação é falsa e a segunda é verdadeira.
   e) As duas afirmações são falsas.

4. A estratégia do Oceano Azul propõe que uma empresa busque a identificação de novos mercados em vez de competir por mercados no qual a concorrência é alta. Nesse sentido, discorra sobre o ambiente competitivo em que está inserida essa estratégia.

5. Por que as políticas para incentivo de inovações e de tecnologias são fundamentais para o desenvolvimento e a maturidade do Sistema Nacional de Inovação do país?

Questões para reflexão

1. Faça uma análise do mercado de tecnologia e identifique uma parceria entre duas empresas já estabelecidas no mercado e que poderiam aproveitar uma oportunidade de mercado por meio da união do *know-how* entre elas.

2. Trace um paralelo entre o atual Sistema Nacional de Inovação do Brasil e as políticas governamentais de incentivos ao desenvolvimento de inovações e de tecnologias. Com base nessa análise, aponte as principais oportunidades de melhorias e dê sugestões de ações para fomentar a inovação e o desenvolvimento tecnológico no país:

Para saber mais

Para você aprofundar seus conhecimentos sobre o registro de patentes, consulte o *Guia Básico de Patentes* do Instituto Nacional da Propriedade Industrial:

BRASIL. Ministério da Indústria, Comércio Exterior e Serviços. INPI – Instituto Nacional da Propriedade Intelectual. **Guia básico de patentes**. Disponível em: <http://www.inpi.gov.br/menu-servicos/patente>. Acesso em: 30 jun. 2018.

Se você se interessou pelo Índice de Gini e deseja obter mais informações sobre como é calculado o indicador de desigualdade social, acesse o banco de dados do banco mundial:

THE WORLD BANK. **GINI Index (World Bank Estimate)**. 2018. Disponível em: <https://data.worldbank.org/indicator/SI.POV.GINI?end=2000&start=2000&view=map&year=2014>. Acesso em: 30 jun. 2018

05
PROCESSO DE PLANEJAMENTO DA INOVAÇÃO

05

Conteúdos do capítulo:

- Tendências de consumo e de comportamento e fontes de inovação.
- Visão geral do processo de inovação.
- Portfólio de projetos de tecnologia.
- Aquisição e transferência de tecnologia.
- Projetos globais, de risco e de melhoria de processos.
- A hora da verdade: quando a inovação entra no mercado.
- Obsolescência tecnológica.

Após o estudo deste capítulo, você será capaz de:

1. identificar as atuais tendências de consumo e de comportamento que se relacionam com fontes de inovação;
2. identificar o processo de inovação dentro da empresa;
3. verificar a importância de um portfólio de projetos de tecnologia;
4. indicar formas de aquisição e de tecnologia;
5. mapear a diferença entre projetos globais, de risco e de melhorias de processo;
6. reconhecer a importância do lançamento do produto no mercado;
7. identificar questões relacionadas à obsolescência tecnológica.

ATÉ ESTE PONTO, falamos sobre os conceitos que envolvem a inovação e como ela se aplica internamente na empresa. Mas como a empresa pode iniciar um novo projeto em inovação? Quais são os passos e os pré-requisitos para o desenvolvimento de um projeto de inovação? Essas e outras questões relacionadas à área serão respondidas neste capítulo. Para isso, descreveremos as etapas de um processo de planejamento da inovação dentro da empresa, como ele está inserido no planejamento estratégico e quais são os elementos fundamentais que devem ser levados em conta durante o processo de desenvolvimento de uma inovação, que envolvem a identificação dos elementos do macro e do microambiente.

O planejamento de inovação é um processo sistemático e contínuo que faz parte do planejamento estratégico da empresa. Deve estar alinhado com as diretrizes estratégicas (missão, visão, valores) e envolve o esforço da empresa em trazer inovações para o mercado com o objetivo de garantir sua competitividade. Um plano de inovação completo deve descrever a oportunidade de mercado a ser atendida pela inovação, identificar o potencial de mercado, bem como os eventuais riscos e ameaças que envolvem o desenvolvimento do novo produto no contexto da empresa. O planejamento de inovação traz informações relevantes para a tomada de decisão da empresa sobre os investimentos em inovação e as ações a serem tomadas para o desenvolvimento de novos mercados.

Você já se perguntou por que alguns lançamentos dão certo e outros não? Por que algumas empresas conseguem realizar verdadeiras revoluções no mercado e outras não conseguem emplacar seus lançamentos, por mais inovadores que sejam? O planejamento pode ser a resposta para muitas dessas perguntas.

O planejamento estratégico permite à empresa uma completa análise ambiental, a identificação de oportunidades de mercados a serem aproveitadas e o estabelecimento de metas claras e objetivas, que trazem como consequência o atingimento de resultados diferenciados para a empresa. A inovação entra nesse processo e surge por meio de um árduo trabalho, desenvolvido muitas vezes com a contribuição de equipes multidisciplinares dentro da empresa. Talvez isso mude um pouco em relação ao *glamour* da antiga ideia de que a inovação acontece a partir de uma ideia extraordinária de um gênio que de repente diz: "Eureka!", famosa expressão do matemático grego Arquimedes que significa "descobri", "encontrei".

O processo de inovação passa por um planejamento estruturado com base em objetivos bem definidos e que se desdobram para atividades nas diferentes áreas da empresa e até fora dela, conforme falamos no conceito de *open innovation* (inovação aberta). As técnicas de geração de ideias, aquisição e transferência de novas tecnologias, bem como de lançamento de novos produtos e serviços no mercado, serão detalhados a seguir.

Tendências de consumo e de comportamento e fontes de inovação

Antes de iniciar o planejamento para o lançamento de novos produtos no mercado, a empresa deve identificar as tendências de consumo e de comportamento das pessoas, usualmente levantadas por meio de pesquisas de mercado. Algumas dessas tendências estão detalhadas no Quadro 5.1.

Quadro 5.1 – Tendências de consumo e de comportamento

Tendências	Características
Mercado sustentável	A conscientização sobre os recursos finitos do Planeta faz com que um número cada vez maior de consumidores coloque o elemento da sustentabilidade como um dos critérios relevante no momento da decisão de compra; em mercados mais maduros, como Europa e Estados Unidos, muitos consumidores afirmam que não se importam de pagar mais caro por produtos e serviços com sustentabilidade ambiental.
Consumo mais saudável	A maior conscientização sobre a importância de uma alimentação equilibrada e funcional cria muitas oportunidades de mercado para novos negócios voltados aos alimentos orgânicos, veganos e saudáveis; novos hábitos alimentares estão sendo adotados por um número cada vez maior de pessoas, que buscam alimentação orgânica, sustentável e de qualidade em um movimento chamado *slow food*, uma reação aos modelos pré-concebidos de alimentação e que prioriza o alimento de qualidade, o sabor, o preparo e o prazer na gastronomia.
Economia colaborativa	O acúmulo de bens deixa de ter importância e abre espaço para o compartilhamento e a experiência de consumo, e não necessariamente para a compra de bens; nesse contexto, o acesso a bens e serviços é facilitado sem a necessidade de aquisição, em uma lógica na qual a posse perde força e abre espaço para práticas de mercado e modelos de negócios inovadores que possibilitam o compartilhamento, o aluguel, a troca e a experimentação.
Maior comodidade/praticidade	O tempo tem sido uma variável cada vez mais valorizada pelo consumidor; a oferta de tecnologias e de facilidades que permitam economizar tempo tende a ganhar a preferência do consumidor, ainda que o fator *preço* seja mais elevado; essa busca da otimização do tempo faz com que propostas de produtos e de serviços que priorizem a comodidade, como compras *on-line* ou por meio de aplicativos, cresçam.

(continua)

(Quadro 5.1 – conclusão)

Tendências	Características
Círculos de relacionamentos e influenciadores de compra	O crescimento das mídias sociais e a facilidade de acesso às informações estão mudando a figura dos chamados *influenciadores de compra*, que deixam de ser alguém indicado pela empresa ou uma celebridade famosa e cada vez mais passam a ser os amigos da rede e os consumidores da marca, que influenciam a compra por meio de seus depoimentos via internet, ou até mesmo desconhecidos que postam suas experiências de consumo sobre o produto em canais opinativos *on-line*.

Levar em consideração as tendências de consumo e comportamento faz com que a empresa desenvolva seu plano estratégico baseado naquilo que é mais valorizado pelo mercado. Essa prática tende a trazer resultados mais efetivos para o negócio, além de diminuir o risco que envolve todo lançamento de um novo produto no mercado. Complementar a essa ideia de monitoramento de tendências, Peter Drucker, em um de seus artigos semanais publicados em 1998 na *Harvard Business Review*, categoriza sete oportunidades existentes em uma indústria e que são fontes de inovação, sumarizadas no Quadro 5.2.

Quadro 5.2 – Fontes de inovação

Fonte de inovação	Descrição
Fatos inesperados	Os sucessos e os fracassos são fontes de oportunidades para inovações; tem-se novas aplicações para produtos que inicialmente haviam sido planejados de uma forma e algo inesperado aconteceu, mudando sua trajetória e trazendo novas oportunidades; antes de criar o famoso personagem Mickey Mouse, Walt Disney passou por muitos projetos que não deram certo e investiu em inovações que trouxeram a oportunidade de criar o lendário ratinho que mudou a trajetória de sua vida.

(continua)

(Quadro 5.2 – continuação)

Fonte de inovação	Descrição
Incongruências	Incongruências entre as expectativas e os resultados alcançados podem se tornar uma oportunidade de inovação; em alguns casos, uma mudança na maneira de analisar, colocando o foco no ambiente, e não na tecnologia em si, pode ser uma oportunidade para a inovação; um exemplo dessa mudança foi implementado pela Amazon, que, considerando seus custos e dificuldades de entrega em locais remotos e montanhosos, iniciou a entrega de pedidos com drones em várias regiões dos EUA desde 2016.
Necessidade de processo	Para atender a alguma demanda específica de um ambiente, a necessidade de processo pode ser uma oportunidade para a inovação; o famoso curativo Band-Aid foi criado pelo norte-americano Earle Dickson como uma solução para os frequentes acidentes domésticos de sua esposa; como Dickson trabalhava na multinacional Johnson & Johnson, apresentou a ideia para a empresa e hoje o produto já tem quase 100 anos, com comércio estimado em 100 bilhões em todo o mundo.
Mudanças na indústria e no mercado	As mudanças na estrutura da indústria de um setor podem ser uma oportunidade para a inovação; um exemplo que vivenciamos recentemente foram as mudanças na indústria de hotelaria, que possibilitaram o surgimento de modelos de negócios com foco em economia compartilhada, como AirBnb e HomeAway, que oferecem aluguéis e curto prazo com uma experiência cultural completa.
Mudanças demográficas	As mudanças demográficas podem ser uma oportunidade para a inovação; variações na taxa de natalidade ou na expectativa de vida de uma população trazem oportunidades para novos negócios, como viagens para a terceira idade ou modelos de negócio para prestação de serviço específico, como *home care* (serviço de atendimento médico em casa).
Mudanças na percepção	A maneira como um mesmo fenômeno é percebido também pode ser uma fonte de oportunidade para inovações; um exemplo de mudança de percepção está acontecendo na área médica, que apresentou crescimento significativo em medicina preventiva e em suplementos vitamínicos em detrimento de tratamentos médicos para a cura de doenças.

(Quadro 5.2 – conlusão)

Fonte de inovação	Descrição
Nova tecnologia	As novas tecnologias são as fontes de inovação que mais geram repercussão, uma vez que são percebidas pela maioria das pessoas; usualmente, esse tipo de inovação exige conhecimento específico e muitas vezes uma quebra de paradigma ao modificar o modo como um setor atuava; exemplos desse tipo de oportunidade de inovação envolvem o surgimento de serviços bancários via internet, de transporte baseados em geolocalização e de mensagens instantâneas com o uso da internet.

Fonte: Elaborado com base em Drucker, 2002.

Mas, afinal, qual é o ponto em comum entre empresas consideradas inovadoras em seus segmentos, como 3M, Apple, Amazon e Unilever? Todas buscaram pensar diferente, de maneira inusitada, para ofertar produtos e serviços no mercado. O famoso cientista Albert Einstein dizia: "Insano é aquele que faz todos os dias a mesma coisa e espera um resultado diferente...". Inovação não significa apenas fazer diferente, envolve "fazer diferente" de maneira planejada, com objetivos estratégicos definidos para oferecer ao mercado produtos e serviços inovadores cuja proposta seja valiosa aos olhos dos consumidores.

A inovação surge no contexto do planejamento estratégico pela análise ambiental e pela identificação de novas oportunidades. Ideias que surgem por meio de aplicações diferenciadas, de novas propostas de produtos e de serviços que podem agregar valor apara o cliente e trazer o famoso: "Por que não pensei nisso antes? Tão simples e tão criativo!".

Você já percebeu que, na maioria das vezes, as inovações são pequenas modificações na maneira como se utiliza ou como as pessoas percebem determinado produto? Não se tratam de ideias e conceitos extraordinários, e é justamente essa simplicidade que faz com que as melhores inovações aconteçam por meio de pequenos movimentos, de ideias simples, porém criativas, de novas maneiras de se olhar para o consumo e para como o consumidor percebe o produto.

Para poder inovar, é necessário trilhar caminhos diferentes, nunca antes alcançados pela empresa. Envolve olhar estrategicamente os ambientes externo e interno para poder definir um plano de inovação que faça parte do DNA, da essência da organização. Empresas reconhecidas como inovadoras trazem em sua cultura e rotina um processo de planejamento estratégico da tecnologia e inovação, que, ao longo do tempo e após vários lançamentos, demonstra a identidade de marca da empresa para o mercado. Esse processo leva tempo para ser construído e deve ser realizado de forma sistematizada, como detalharemos a seguir.

Um processo de planejamento estratégico envolve o estabelecimento das diretrizes e dos objetivos organizacionais em um horizonte de tempo determinado. Já falamos sobre o planejamento estratégico, mas nos concentraremos em como inserir as questões relacionadas à tecnologia e à inovação dentro do planejamento estratégico da empresa. Vale destacarmos que o planejamento da tenologia e das inovações da empresa deve estar sempre em consonância com o planejamento estratégico desta e com o posicionamento de mercado pretendido, uma vez que o lançamento de produtos e de serviços se constitui uma das maneiras de a organização concretizar o posicionamento pretendido de marca e alcançar seus objetivos de mercado.

Esse plano estratégico da tecnologia e inovação envolve, além de uma análise completa do ambiente da empresa, a análise do macroambiente e do microambiente desta, incluindo a análise de tecnologias existentes em outros setores e em outros mercados que eventualmente possam ser "transpostas" para os produtos da empresa, abordados na sequência.

Visão geral do processo de inovação

Após a realização da análise dos aspectos ambientais, a empresa deve iniciar o processo de desenvolvimento do plano de inovação em si, que começa pela geração e pela seleção das melhores ideias para novos produtos e serviços. Para que a empresa consiga tirar sua invenção do papel e lançar uma inovação de sucesso no mercado, é necessário o desenvolvimento de um processo de inovação. Scholtissek (2012) divide esse processo de inovação em seis fases, conforme demonstra o Quadro 5.3.

Quadro 5.3 – Visão geral do processo de inovação

Fase	Descrição	Mentalidade
Fase 1: Geração da ideia	Ideia: análise de mercado e das necessidades dos clientes para a geração de uma listagem das ideias mais promissoras em termos de viabilidade e de sucesso no mercado para produtos e serviços direcionadas às necessidades dos clientes e geradoras de valor.	Seja criativo.
Fase 2: Planejamento	Plano de negócios: descrição da ideia, exploração da ideia, descrição do segmento de mercado, recursos necessários, resultados financeiros esperados, mecanismos de proteção, riscos e fatores restritivos, bem como divisão de responsabilidades.	O melhor pensamento de negócios.
Fase 3: Prototipagem	Protótipo: primeira demonstração do protótipo para avaliação ou *feedback* com a elaboração da prova de viabilidade e da prova de conceito do novo produto ou serviço.	O melhor da tecnologia.

(continua)

(Quadro 5.3 – conclusão)

Fase	Descrição	Mentalidade
Fase 4: Testes e validação	Piloto: teste de mercado ou de unidade de negócios, testes de usabilidade e de aceitação do cliente para eventuais ajustes no produto ou serviço, processo, organização, modelo de negócios ou *marketing*; primeiras vendas.	Vencer ou morrer.
Fase 5: Exloração	Entrada no mercado: disponibilidade da inovação no mercado-alvo selecionado; determinação de processos ou de método de *marketing*; crescimento de vendas com aumento da eficiência.	Passado o ponto sem retorno.
Fase 6: Penetração no mercado	Participação de mercado: estratégia de crescimento de longo prazo; melhorias no produto ou serviço com o crescimento da participação de mercado e o aumento da eficácia.	Rápida expansão.

Fonte: Elaborado com base em Scholtissek, 2012.

A fase de geração de ideias é uma das mais importantes, pois é por meio da seleção das melhores ideias que o projeto de inovação se desenvolve. Veremos um pouco mais sobre a geração de novas ideias.

Fase de geração de novas ideias

É importante percebermos que o processo de geração de ideias não é algo que acontece somente dentro da empresa e tampouco com tecnologias aplicadas apenas ao setor no qual a empresa atua. Muitas vezes, as ideias surgem por meio da adaptação de tecnologias já aplicadas em outros setores e em outros produtos, como ocorreu com as tecnologias de geolocalização desenvolvidas inicialmente pelo Departamento de Defesa dos Estados Unidos para fins militares e que foram amplamente aplicadas em vários outros setores da economia. Atualmente, faz parte de nosso dia a dia em plataformas de aplicativos de transporte individual, bem como em aplicativos de trânsito em tempo real, sendo os mais conhecidos o Uber e o Waze, respectivamente. Essa mesma tecnologia foi aplicada por empresas de logística para monitoramento e controle de cargas.

Mas como fazer para conseguir gerar novas ideias? Existem inúmeras técnicas para a geração de ideias e que facilitam o processo de criação dentro da empresa, sendo as principais ilustradas no Quadro 5.4.

Quadro 5.4 – Técnicas para gerar inovações

Nome	Descrição
Brainstorm	Também conhecido como *tempestade de ideias*, é bastante utilizado para explorar o potencial de uma inovação pela participação de todos os integrantes do grupo, de tal modo que a discussão coletiva leve a identificar e a selecionar a melhor ideia, que muitas vezes é decorrente da combinação de várias ideias que surgem ao longo da sessão.
Design Thinking	Envolve várias técnicas que têm como objetivo solucionar problemas (*problem-solving*), selecionar ideias ou propor novas abordagens sobre um problema ou desafios dentro das organizações; no caso de inovações, as técnicas podem auxiliar no delineamento das características da inovação, na definição das características do produto e na maneira como a inovação é desenhada pela empresa.
Seis Chapéus	Também conhecida como *técnica do pensamento lateral,* foi criada pelo Dr. Edward de Bono e permite que os participantes reflitam sobre diferentes perspectivas da mesma situação, modificando sua análise de acordo com a tonalidade do chapéu que está usando (exemplo: chapéu branco avalia os dados; chapéu vermelho, os fatores emocionais; e assim sucessivamente).

(continua)

(Quadro 5.4 – conclusão)

Nome	Descrição
Mapa mental	Criado por Tony Buzan, talvez seja uma das formas mais simples de organizar ideias e verificar uma situação de maneira completa, uma vez que os temas derivam de um centro comum (a inovação) e mostram todos seus impactos; o mapa mental representa graficamente a relação entre ideias e conceitos e permite estabelecer relações de causa-efeito, consequências, conexões e dependência entre diferentes conceitos e ideias.
Cocriação	É um processo de criação colaborativo que conta com a participação de atores de fora da empresa, como clientes e fornecedores, que auxiliam na elaboração de inovações; a ideia surge por meio de pessoas que estão diretamente envolvidas com o produto ou serviço e que têm condições de sugerir novas propostas mediante suas experiências, de sua vivência, minimizando os riscos de erros no desenvolvimento de novos produtos; essa ideia tem sido muito utilizada em todos os setores, até mesmo para a geração de conteúdos *on-line*, como a enciclopédia *Wikipédia*, que permite que qualquer pessoa a edite ou inclua conteúdos sobre os mais diversos temas e, com isso, consegue se manter constantemente atualizada.
Canvas	É uma metodologia para modelagem de planos de negócios desenvolvida por Alexander Osterwalder e que permite o dimensionamento de novos modelos de negócios mediante o mapeamento de uma proposição de valor; com base em um mapa com nove campos distintos, inicia-se uma discussão sobre a proposta do negócio desde as atividades que se referem ao fornecimento de recursos até o relacionamento com o cliente, o que permite o mapeamento da cadeia de valor completa da ideia e uma visão ampla sobre o negócio.

  Uma seleção das melhores ideias, a análise da viabilidade e o desenvolvimento de protótipos de produtos que atendam tanto aos critérios de inovação e às expectativas de mercado quanto às questões relacionadas à viabilidade econômica e operacional do novo produto ou serviço de acordo com as particularidades da empresa. É comum que nessa fase alguns ajustes sejam necessários, especialmente para atender a questões de operações, de ganho de escala e de redução de custos para melhor atender a todas as dimensões citadas. Ou seja, a fase de geração de ideias é multifacetada, porém indispensável, para que sejam selecionadas apenas as melhores entre as surgidas. Feito isso, passa-se à etapa de testes, validações e prototipagem.

Após isso, identificam-se de que maneira as ideias selecionadas podem ser implementadas, os principais desafios em termos de viabilidade e os impactos que o novo projeto terá na empresa como um todo, define-se quais serão as áreas envolvidas, estabelece-se o conhecimento e os profissionais necessários, verifica-se os fornecedores necessários (atuais e a serem desenvolvidos), bem como os demais integrantes da cadeia de valor que devem estar envolvidos no projeto.

Fase de testes, validações e prototipagem

Inicia-se, então, o processo de prototipagem, no qual a empresa institui o desenvolvimento do produto, ainda que em um formato piloto. O objetivo de um protótipo é testar o produto na prática e verificar eventuais necessidades de ajustes antes de iniciar a produção em larga escala. Esse processo pode ser extremamente útil quando se trata de testes com potenciais usuários, pois estes são profundos conhecedores do produto e podem descrever precisamente o que deve ser ajustado na inovação mediante experimentação. É uma prática bastante comum em empresas desenvolvedoras de aplicativos, que disponibilizam protótipos para seus usuários antes de lançá-los definitivamente no mercado, minimizando os riscos de erro com relação ao uso do produto.

Outra prática usual em termos de protótipo é a realização de grupos focais (*focus groups*) para teste do conceito. Nesse caso, várias pessoas, com perfil pré-determinado para consumo, são reunidas em uma sala, com sistema de áudio e de vídeo e um espelho falso. A inovação é apresentada a um grupo de oito a dez pessoas por um mediador, que fará questionamentos sobre a percepção em relação ao conceito da inovação e tentará extrair a opinião sobre a proposta, o que permite à empresa obter informações relevantes que facilitam a tomada de decisão para a definição da versão final do produto.

Independentemente do método utilizado para testar o protótipo da inovação, é importante destacar alguns pontos a serem levantados no momento de testar o conceito de um novo produto:

- Qual é a proposta de valor da inovação?
- Qual é o público que essa inovação atenderá?
- Os benefícios da inovação estão claramente definidos?
- Em quais aspectos a inovação difere em relação aos produtos concorrentes no mercado?
- O preço a ser praticado para essa inovação está adequado com a proposta de valor?
- O consumidor potencial compraria essa inovação? Com que frequência?
- O consumidor potencial indicaria essa inovação para outras pessoas?

Fase de validação, exploração e penetração no mercado

As etapas de lançamento do produto e de penetração de mercado são marcadas por desafios que envolvem desde conseguir fazer com que o produto seja conhecido por seus potenciais consumidores até ganhar a confiança e a preferência deles. É justamente nesse processo que muitas empresas acabam falhando, pois é fundamental manter o monitoramento de como as atividades previamente planejadas estão sendo implantadas e qual o desempenho da inovação no mercado. Nesse sentido, é importante estabelecer indicadores de inovação que possibilitem o monitoramento de *performance* de resultados e possam auxiliar a identificação de mercados-alvo e de potenciais clientes, além da definição de quais projetos de inovação entre os vários apresentados nas fases anteriores receberão investimentos para lançamento efetivo no mercado.

A Netflix é um exemplo de processo de inovação em todas as fases: foi projetada para oferecer um serviço com ausência de taxas por atraso. Porém, após a inserção no mercado, mudou o escopo do negócio e investiu em uma plataforma de *streaming* de vídeo e na criação de conteúdo próprio exclusivo em formato de séries para televisão, o que lhe conferiu imenso sucesso na fase de penetração de mercado. Atualmente, está presente em mais de 190 países e com um valor estimado de mercado de cerca de US$ 70 bilhões. Podemos dizer que a empresa revolucionou a maneira como as pessoas assistem à televisão no mundo inteiro por meio da implantação de uma inovação que envolveu um plano de expansão internacional combinado com o desenvolvimento de conteúdo próprio e original em séries consagradas, como *House of Cards* e *Narcos*, e um catálogo de títulos diferenciado para cada país.

Portfólio de projetos de tecnologia

Um dos elementos essenciais para a gestão do portfólio dos produtos e dos serviços de uma empresa envolve justamente o processo de tomada de decisão sobre quais são aqueles que oferecem maior potencial de sucesso no mercado por meio de uma relação positiva entre os riscos envolvidos no negócio e os potenciais resultados futuros em termos financeiros e de participação de mercado. É muito comum que a empresa tenha de decidir entre vários caminhos ou entre projetos com diferentes propostas de valor para investir tempo, esforço e recurso, pois o tão conhecido "cobertor curto" não permite desenvolver todos os projetos de inovação ao mesmo tempo. Essa análise de portfólio também é aplicada aos produtos já existentes e, nesse caso, o processo de inovação e de lançamentos de novos produtos pode ser uma estratégia para retirar produtos do mercado, substituindo-os por lançamentos de inovações mais ajustadas com a demanda atual do mercado e com o posicionamento estratégico da empresa para o período.

Quem diria que a Johnson & Johnson, a empresa pioneira na categoria de fraldas descartáveis infantis, que modificou hábitos e comportamentos de toda uma geração, um dia tomaria a decisão de retirar essa linha de produtos de seu portfólio no mercado nacional? Por que isso aconteceu? Essa decisão foi tomada em virtude de uma mudança do foco da companhia para cuidados com a pele e os cabelos dos bebês. A empresa entendeu que deveria priorizar os produtos do portfólio voltados a esse posicionamento.

Vale lembrarmos que muitas outras empresas seguem essa trajetória e tomam a decisão de retirar do mercado produtos tradicionais com o objetivo de consolidar um novo posicionamento de marca que seja condizente com as atuais demandas e expectativas de seus consumidores. Esse é um processo bastante dinâmico. Mas de que modo a empresa pode tomar a decisão sobre quais produtos ou serviços devem permanecer e quais inovações devem ter prioridade em seus investimentos?

Para facilitar essa tomada de decisão, colocaremos alguns questionamentos essenciais que devem ser feitos pela empresa no momento de realizar o planejamento de seu portfólio de produtos, considerando algumas variáveis do microambiente já mencionadas:

- Como somos reconhecidos pelo mercado no qual pretendemos lançar a inovação?
- Nosso atual portfólio de produtos é tecnologicamente atualizado?
- As inovações pretendidas pela empresa trazem uma proposta de valor diferenciada em relação aos atuais concorrentes?
- Quais são os riscos de rejeição da inovação por parte do consumidor-alvo?
- O atual portfólio de produtos da empresa é competitivo em termos de inovação?
- Quais são os motivos que levam a empresa a investir nesse produto neste momento de mercado?

Para definir quais serão os projetos e as inovações tecnológicas que a empresa priorizará, é necessário realizar uma profunda reflexão sobre os objetivos do lançamento da inovação no mercado e seu impacto na estratégia da empresa como um todo. O que pretendemos com o lançamento desse produto? Quais são os resultados esperados? Ao realizar essas reflexões, a empresa consegue determinar o que é prioritário em termos de tecnologia e de inovação dentro de seu portfólio de produtos e definir com maior propriedade a maneira como realizará a alocação de seus recursos – financeiros, humanos, temporais ou materiais. Também consegue definir mais claramente um plano de ação com todos os passos necessários para o atingimento do novo projeto, o que envolve o papel de cada área da empresa, suas responsabilidades e suas ações no desenvolvimento do novo produto.

A gestão do portfólio atual de produto da empresa e a identificação de como a inovação se encaixa nele são fatores que possibilitam uma gestão eficiente dos produtos da empresa. A empresa Fiat, fabricante multinacional de automóveis, retirou do mercado nacional o modelo Palio Fire para poder abrir espaço para o lançamento do subcompacto Mobi. A empresa entendeu que essa movimentação era necessária e contribuiria para potencializar o lançamento do carro no mercado. Vale lembrarmos que o processo de desenvolvimento e de gestão do portfólio de produtos não necessariamente é realizado pela empresa de maneira isolada, sendo muito recomendados processos de parceria para aquisição e transferência de tecnologias, abordados na sequência.

Aquisição e transferência de tecnologia

Sabemos que a capacidade de inovação e de geração de tecnologias relevantes na percepção dos consumidores é um dos elementos essenciais para que uma empresa consiga inovar de modo economicamente sustentável. A chamada *tecnologia de ponta* envolve tecnologias recentemente desenvolvidas e aplicadas no que se reconhece como o que existe de mais avançado para produtos e serviços em determinado segmento. A partir do momento que essa tecnologia passa a ser utilizada amplamente por várias empresas que atuam no mesmo setor, deixa de ser inovadora e, com o passar do tempo e do surgimento de outras inovações tecnológicas, o que antes já foi reconhecido como uma tecnologia de ponta pode se tornar obsoleto e até ultrapassado aos olhos do mercado (Tidd; Bessant, 2015).

Entre os países com maiores investimentos em tecnologia de ponta no mundo estão os Estados Unidos, que têm vantagem competitiva e que, consequentemente, acaba por levar boa parte dos investimentos internacionais em empresas de alta tecnologia, criando um ambiente extremamente favorável. Um exemplo da vantagem nos Estados Unidos pode ser observado na Califórnia, onde está localizado o Vale do Silício. Essa região, no sul da baía da cidade de São Francisco, concentra as empresas de maior sucesso no mundo da tecnologia, como Google, Apple, Intel e Facebook. Falaremos um pouco mais sobre as empresas do Vale do Silício mais adiante, ao mencionarmos os projetos globais.

Agora, concentraremos esforços em compreender como funciona a geração de novas tecnologias. A empresa pode optar pelo desenvolvimento de novas tecnologias próprias mediante investimento em Pesquisa e Desenvolvimento (P&D) ou pela aquisição de tecnologias já existentes em outras empresas ou mercados, adaptando-as a sua realidade. Entre esses dois caminhos, o mais utilizado pelas empresas do Brasil é a aquisição de tecnologia prontas, importadas especialmente de mercados mais maduros, como Estados Unidos e Europa. Isso acontece porque o investimento para a realização de pesquisa e desenvolvimento (P&D) de produtos e de inovações exclusivas é muito mais oneroso e envolve um risco maior, sendo mais simples e rápida a aquisição de tecnologias já desenvolvidas por outras empresas.

A transferência de tecnologia pode ocorrer por meio de parcerias entre empresas ou governos e tem como objetivo a disseminação de conhecimentos de natureza técnica ou científica com potencial de mercado. Esse processo é averbado pelo Instituto Nacional da Propriedade Industrial (Inpi), vinculado ao Ministério da Indústria, Comércio Exterior e Serviços do Brasil, e envolve vários tipos de contratos: licença de uso de marca, cessão de marca, licença para exploração de patentes, cessão de patente, licença para exploração de desenho industrial, cessão de desenho industrial, fornecimento de tecnologia, entre outras modalidades.[1]

O Inpi deve regulamentar a propriedade intelectual com base na Lei n. 9.279, de 14 de maio de 1996 (Brasil, 1996), que estabelece os direitos e as obrigações relativas à propriedade intelectual. Alguns incentivos governamentais no Brasil – como a Lei de Inovação e a chamada *Lei do Bem*, respectivamente a Lei n. 10.973, de 2 de dezembro de 2004 (Brasil, 2004), e a Lei n. 11.196, de 21 de novembro de 2005 (Brasil, 2005) – surgiram com o propósito de incentivar as empresas nacionais a inovar mais por meio de descontos e de incentivos fiscais para o desenvolvimento de projetos de inovação.

Você já ouviu falar no famoso travesseiro da Nasa? É um dos mais de 2 mil *spin-offs* da agência espacial norte-americana. No caso da *National Aeronautics and Space Administration* (Nasa, em português, Administração Nacional da Aeronáutica e Espaço), as tecnologias foram desenvolvidas para aplicação espacial e posteriormente transferidas para empresas do setor privado, que, por sua vez, aplicam tal tecnologia nos mais variados produtos e segmentos de mercado. No exemplo específico do travesseiro, foi desenvolvido à base de viscoelástico, cuja inovação foi inicialmente projetada para ser um revestimento de naves espaciais, mas nunca foi utilizada para essa finalidade por diversos motivos, entre eles o odor.

Essa transferência de tecnologia realizada pela Nasa constitui um licenciamento de patentes que pode ser muito vantajoso para ambos os lados, trazendo tecnologias com apelo mercadológico relevante para serem lançadas no mercado e um diferencial

---

1   Saiba mais sobre as modalidades de contrato no *site*: <http://www.inpi.gov.br/menu-servicos/transferencia/tipos-de-contratos>. Acesso em: 30 jun. 2018.

competitivo perante os concorrentes que estão no mercado. Outro elemento essencial para o desenvolvimento de novas tecnologias e inovações reside justamente onde e com quais parceiros a empresa se relaciona. Relações de cooperação entre as empresas, bem como a busca por informação e o desenvolvimento de pesquisa realizada de maneira conjunta constituem estratégias competitivas que podem fazer a diferença entre a empresa conseguir ou não viabilizar seus projetos de desenvolvimento, uma vez que, na maioria das vezes, esses projetos demandam alto investimento em P&D.

O desenvolvimento de novas tecnologias pode ter sua origem em parcerias realizadas por meio do estabelecimento de redes de empresas, institutos de pesquisa, bem como universidades e centros de ensino, que podem criar projetos com base nas necessidades específicas da empresa e realizar pesquisas úteis. Essa prática entre empresas e universidades ainda é pouco utilizada no Brasil, mas pode contribuir, e muito, uma vez que possibilita, ao mesmo tempo, aprimorar a formação do aluno e proporcionar projetos de inovação para a empresa de modo integrado e competitivo (Tidd; Bessant, 2015). Parcerias dessa natureza são muito facilitadas pela existência de Núcleo de Inovação Tecnológica (NITs), que funcionam dentro das universidades com o propósito de aproximá-las das empresas, objetivando realizar pesquisas e desenvolvimento de inovações tecnológicas.

Estima-se que existam atualmente cerca de 200 NITs em funcionamento no Brasil, realizando pesquisas com o aproveitamento da Lei de Inovação, cujos recursos podem ser originados por meio de agências nacionais de fomento, como o Conselho Nacional de Desenvolvimento Científico e Tecnológico (CNPq), a Coordenação de Aperfeiçoamento de Nível Superior (Capes) ou a Financiadora de Estudos e Projetos (Finep).

Projetos globais, de risco e de melhoria de processos

Qual é o escopo da inovação? Em quais mercados a empresa pretende atuar com o lançamento do produto? A cultura e a maneira como os consumidores se relacionam com o produto é a mesma em todos os mercados nos quais a empresa pretende lançá-lo? Essas são apenas algumas das inquietudes que devem ser levantadas pela empresa antes de lançar uma inovação no mercado, especialmente se o lançamento envolver vários países ao mesmo tempo.

É importante lembrarmos que cada país tem um contexto diferente em termos de tecnologia e de cultura para a aceitação de inovações, o que pode fazer com que um mesmo produto seja uma inovação radical em um país e apenas incremental em outro, dependendo da oferta de produtos, da maturidade do mercado e do número de concorrentes que atuam na região. Ao tomar a decisão de lançar inovações em diferentes países, vários fatores de risco financeiro também devem ser levados em conta:

1. Quais são os riscos do negócio que a empresa não pode controlar?
2. Quais são os riscos controláveis pela empresa e como podemos minimizá-los?
3. Quais são os custos envolvidos no projeto?
4. De que maneira esse investimento pode comprometer o capital da empresa?
5. Como é a cultura do país em relação ao consumo desse tipo de produto?
6. Será preciso adaptar o produto ao comportamento de consumo do mercado?

A última questão em particular leva muitas empresas a utilizarem estratégias de adaptação e de modificação das características de seus produtos e serviços para poder atender às expectativas e agradar ao mercado consumidor. Grandes organizações, ao lançarem seus produtos e serviços em outros mercados e países, tiveram de realizar inovações para poder atender às diferentes culturas. A rede norte-americana de cafés Starbucks adaptou seu cardápio ao gosto do brasileiro, incluindo o tradicional pão de queijo, e iniciou a elaboração de cafés mais fortes, já que o café estadunidense é classificado como muito fraco pelos brasileiros. Outro exemplo de adaptação foi implementado pela também norte-americana Kentucky Fried Chichen (KFC), mundialmente conhecida pelo frango frito no balde que lambuza as mãos ao ser consumido, aspecto não muito bem recebido pelos consumidores brasileiros. Tendo isso em mente, desde 2012 a empresa incluiu em seu cardápio brasileiro arroz, feijão e frango servido no prato, uma adaptação tipicamente tupiniquim (KFC, 2017).

Os aspectos culturais devem ser estudados antes do lançamento da inovação no mercado, pois são muitos os casos de empresas que erraram ao lançar produtos em outros mercados sem considerar essas questões. Uma das clássicas gafes mundiais por falta de conhecimento da cultura local foi cometida pela empresa multinacional Gerber ao lançar suas papinhas para bebê na África. A embalagem do produto trazia a imagem de um lindo bebê sorrindo, porém, em muitos países africanos, a imagem da embalagem deve mostrar exatamente o conteúdo do produto, o que gerou confusão entre os consumidores e baixa aceitação do produto.

Hora da verdade: quando a inovação entra no mercado

Após a definição de todos os elementos que envolvem o planejamento do projeto da inovação, das questões operacionais envolvidas, das tecnologias e dos parceiros do projeto, é hora de lançar o novo produto no mercado. Como podemos realizar o lançamento de uma inovação de modo que o resultado seja positivo para a empresa em termos de lucratividade e de criação da identidade de marca? É o momento de colocar em prática o que foi definido no planejamento estratégico da inovação, então é muito importante estar atento a como cada ação planejada está tendo resultados. Deve haver monitoramento frequente a fim de identificar, entre outros fatores, a percepção do consumidor sobre a inovação da empresa. É fundamental estar atento a todos os sinais dados no momento da compra e, se for possível acompanhar, no momento de utilização.

Pesquisas de mercado para monitoramento do *feedback* do consumidor também podem ser muito úteis, pois cria-se um canal no qual o consumidor pode colocar sua opinião pós-consumo, com a oportunidade de apontar sugestões e melhorias que, mesmo que não estejam nos planos da empresa, devem ser consideradas nos relatórios periódicos de acompanhamento da *performance* da inovação (Kotler; Keller, 2012). Outra fonte de informação muito importante envolve o público interno da empresa. O que os funcionários acharam do novo produto? Qual é a opinião das pessoas sobre a inovação da empresa?

Além de realizar o trabalho de divulgação do novo produto **antes** de ser lançado no mercado, é importante que a empresa realize um trabalho de monitoramento do *feedback* dos diferentes públicos internos. Lembremos que o funcionário é a voz da empresa para o cliente; se ele não estiver convencido sobre o diferencial da inovação, não conseguirá passar uma boa percepção para os clientes.

Um dos erros mais básicos que uma empresa pode cometer ao lançar uma inovação no mercado é não envolver adequadamente seus diferentes públicos. Antes do lançamento, é fundamental que todos os *stakeholders* não somente conheçam a inovação como também estejam familiarizados com ela, conheçam sua proposta de valor, suas vantagens competitivas em relação aos produtos concorrentes e consigam definir claramente por que o lançamento está acontecendo e quais são os objetivos estratégicos da empresa com esse lançamento no mercado.

A campanha de comunicação também deve ser conhecida previamente por todos os envolvidos. O uso da força e do potencial de movimentação das redes sociais é uma das estratégias que vem sendo cada vez mais utilizadas para a divulgação da inovação. Gerar conteúdo antes do lançamento para despertar o interesse dos consumidores também é uma estratégia que dá bastante certo, especialmente se houver o parecer de especialistas ou formadores de opinião que utilizam o produto antes do lançamento e podem fazer publicações para seus seguidores. Deve-se, no entanto, tomar cuidado para que o perfil e a linguagem do formador de opinião estejam alinhados com os objetivos da empresa em termos de comunicação e criação da identidade do produto.

Outra maneira de conseguir visibilidade para o lançamento de uma inovação é por meio de eventos que não precisam ser exclusivos para essa finalidade. São muito comuns lançamentos em feiras do setor ou em eventos que geram impacto entre os potenciais consumidores. Ao realizar o lançamento de novos aparelhos, a Apple realiza um grande evento em um auditório (*Steve*

Jobs Theater), com a apresentação realizada pelo CEO da empresa e pelos projetistas responsáveis. Essa apresentação é transmitida por diversos canais e disponibilizada no *site* da empresa, o que garante maior impacto nos fãs da marca ao redor de todo o mundo.

Um elemento muito importante pós-lançamento é a definição de indicadores de *performance*, os chamados *Key Performance Indicators* (KPI), que monitoram periodicamente os resultados do produto no mercado e envolvem, entre outras, as seguintes dimensões: faturamento, volume de vendas do produto, participação de mercado da empresa, quantidade de clientes, grau de satisfação dos clientes, rentabilidade do produto por canal de venda, quantidade de seguidores em mídias sociais e outras informações de inteligência de mercado que possibilitam aos gestores da empresa a tomada de decisão para ajustes no planejamento. A utilização de indicadores de desempenho pode trazer competitividade para a empresa, pois possibilita identificar necessidades de ajustes no plano estratégico periodicamente e mantém a empresa sempre atenta às movimentações do mercado.

Por fim, após o lançamento e o monitoramento da inovação no mercado, surge a preocupação com relação à obsolescência tecnológica, que monitora a vida útil de uma inovação com base em tecnologias mais modernas e eficientes, detalhadas a seguir.

Obsolescência tecnológica

Um dos principais impulsionadores para que a empresa tome a decisão de investir em projetos de novas tecnologias e inovações diz respeito a se manter atualizada no mercado. Isso proporciona uma vantagem competitiva maior perante os concorrentes e, consequentemente, maior reconhecimento e valorização da marca por parte de seus consumidores. Empresas que investem constantemente em tecnologia criam uma rotina interna de inovação que faz com que o processo de atualização tecnológica seja uma constante e crie um círculo virtuoso.

Esse ambiente é facilitado por elementos culturais e pela valorização da empresa quanto a aspectos relacionados à inovação tecnológica. Segundo o *ranking* da revista *Forbes* (2017a), quatro das cinco empresas mais inovadoras do mundo são norte-americanas. Entre elas estão Salesforce, Tesla, Amazon e Netflix, todas com taxa de crescimento de mais de 25% nas vendas nos últimos 12 meses. A primeira empresa brasileira a entrar na lista foi a Cielo, que está no 93º lugar (Forbes, 2017a).

Porém, em alguns casos, a estratégia da empresa pode escolher exatamente o caminho inverso, na chamada *obsolescência programada*, que acontece quando a empresa deliberadamente não atualiza seus produtos e faz com que se tornem defasados, forçando os consumidores a comprar o lançamento da companhia. Um exemplo dessa obsolescência programada acontece no mercado de s*martphones*, no qual é comum que o fabricante deixe de lançar atualizações do *software* para dispositivos mais antigos, levando o consumidor a substituir o produto por um modelo mais novo – ou seja, a escolher entre ficar com um aparelho que não pode mais ser atualizado ou comprar um novo.

A obsolescência planejada traz como consequência a redução do ciclo de vida dos produtos, que têm vida útil cada vez menor e, consequentemente, são substituídos mais rapidamente. Eletrônicos em geral sofrem ainda mais esse processo: televisores, *notebooks* e celulares são descartados e substituídos com frequência, resultado de uma necessidade da indústria em vender mais em um mercado cada vez mais competitivo. Quando boa parte dos consumidores-alvo da empresa já tem um produto similar, as empresas fabricantes necessitam planejar um modo de fazer com que queiram trocá-los por uma versão mais nova, mais atualizada e na "moda", afinal todos querem ter o último modelo, mesmo que na prática isso não traga nenhuma mudança significativa em como o produto é utilizado.

Um exemplo de obsolescência no Brasil é a televisão de tubo, que pouco a pouco perdeu espaço para televisores LCD e LED, mais baratos e modernos. Com o sinal digital das emissoras de televisão, os proprietários terão de comprar um conversor digital para seguir utilizando seus aparelhos antigos ou aderir aos modernos televisores mais "fininhos".

Estudo de caso

A conspiração da lâmpada elétrica

O filme a seguir fala sobre a obsolescência programada, contando a história do cartel de fabricantes de lâmpadas elétricas que entraram em um acordo para produzir lâmpadas que durassem menos horas para vender mais. A partir desse caso, vários outros são citados, mostrando como o plano de produzir deliberadamente produtos que durem menos se tornou uma prática usual na indústria como um todo, funcionando como estratégia para que o consumo pudesse ser mantido.

> A CONSPIRAÇÃO da lâmpada elétrica e a obsolescência programada. Disponível em: <https://www.youtube.com/watch?v=4e7DfCoytlY>. Acesso em: 30 jun. 2018.

1. Analise a iniciativa de alguns fabricantes ao programar dispositivos eletrônicos para não funcionarem mais a partir de determinado período de tempo e a estratégia de inovação da empresa. Existe a possibilidade de ofertar ao mercado produtos de maior qualidade sem comprometer as vendas?

2. De que maneira as empresas podem encontrar equilíbrio entre a durabilidade dos produtos e sua necessidade de vendas no mercado sem ter de recorrer à obsolescência programada?

Síntese

Neste capítulo, trabalhamos as atuais tendências de consumo e de comportamento do consumidor e vimos como estas podem influenciar o desenvolvimento de novas tecnologias para o mercado. Apresentamos os passos para o desenvolvimento do processo de inovação, desde a geração de ideias até o lançamento no mercado, em que pudemos perceber a importância de um portfólio de projetos de tecnologia e por que é fundamental diversificar.

Vimos o processo de aquisição e de transferência de tecnologia e analisamos o escopo de projetos de inovações, globais, de risco e de melhorias de processos, verificando a aplicação de cada um deles. Por fim, identificamos a importância do momento do lançamento da inovação no mercado e também verificamos o processo de obsolescência tecnológica.

Questões para revisão

1. Para que a empresa consiga tirar sua invenção do papel e lançar uma inovação de sucesso no mercado é necessário o desenvolvimento de um planejamento da tecnologia e inovação. Sobre esse planejamento, avalie as seguintes afirmações:
   I. O processo de planejamento da inovação deve envolver seis fases, que vão desde a geração de novas ideias até sua exploração e penetração no mercado.
   II. A elaboração do processo de inovação é necessária para que a empresa consiga alinhar seus lançamentos de inovações com o planejamento estratégico como um todo.

   Sobre essas afirmações, assinale a alternativa correta.
   a) As duas afirmações são verdadeiras e a segunda justifica a primeira.
   b) As duas afirmações são verdadeiras, mas a segunda não justifica a primeira.
   c) A primeira afirmação é verdadeira e a segunda é falsa
   d) A primeira afirmação é falsa e a segunda é verdadeira.
   e) As duas afirmações são falsas.

2. O processo de geração de ideias é um desafio para muitas empresas, pois nem sempre aquele momento "eureca" acontece com tanta facilidade. Sobre as técnicas para a geração de ideias, assinale V para as afirmativas verdadeiras e F para as falsas.

( ) O *brainstorm* é uma técnica que permite que um grupo de pessoas contribua com a criação de um novo produto, com a solução de um problema ou com a gestão de projetos e de processos por meio da exposição e da seleção das melhores ideias.

( ) O mapa mental é uma maneira de encontrar soluções para um problema com base no desenvolvimento de um modelo de negócio pelo método do *canvas*, que identifica a proposição de valor e desenvolve a proposta com base nela mesma.

( ) O processo de *cocriação* é uma das técnicas de elaboração de ideias colaborativas que possibilita a participação de diversas pessoas no desenvolvimento de inovações, podendo ser clientes, fornecedores e colaboradores da empresa.

( ) O *Design Thinking* é uma técnica de desenvolvimento de inovações com um roteiro pré-estabelecido e bem delineado para o desenvolvimento de soluções que deve ser seguido à risca para que o processo de criação seja consolidado.

( ) A técnica dos *Seis Chapéus* permite que os participantes reflitam sob diferentes perspectivas para a mesma situação, modificando sua análise de acordo com a tonalidade do chapéu que estiver usando.

Agora, marque a alternativa com a sequência correta.

a) F, F, F, V, V.
b) V, V, V, F, F.
c) V, F, V, V, F.
d) F, F, V, F, V.
e) V, F, V, F, V.

3. Sobre a gestão de portfólio de inovações e de tecnologias, assinale a alternativa **incorreta**.
   a) A gestão do portfólio dos produtos e dos serviços tem como objetivo identificar quais inovações têm maior potencial de mercado e estão mais alinhadas com os objetivos estratégicos da empresa.
   b) A retirada de produtos antigos do portfólio da empresa deve ser levada em conta quando o produto já não condiz com o posicionamento de mercado atual da marca e com os objetivos de mercado da empresa.
   c) A gestão do atual portfólio de produto de uma empresa e a identificação de como a inovação se encaixa nesse portfólio estão entre os fatores que trazem uma gestão eficiente.
   d) A gestão do portfólio tem como objetivo incluir produtos no mercado e nunca remover produtos antigos, pois quanto mais produtos a empresa apresentar para o mercado, mais sucesso ela terá.
   e) O processo de desenvolvimento e gestão do portfólio de produtos nã é realizado pela empresa o necessariamente de forma isolada, sendo muito recomendado em alguns casos processos de parceria para aquisição e transferência de tecnologias

4. A questão da obsolescência tecnológica faz parte do planejamento estratégico de inovação da empresa. Discorra brevemente sobre esse assunto.

5. O teste de protótipo de produto é muito utilizado pelas empresas durante o desenvolvimento de inovações. Discorra brevemente sobre esse processo.

Questões para reflexão

1. Selecione três empresas localizadas no Vale do Silício que sejam consideradas inovadoras. Identifique os aspectos que fazem com que elas tenham essa característica e apresente alguns exemplos de inovações desenvolvidas por elas:

2. Identifique uma empresa inovadora do Brasil. Analise os motivos e as caraterísticas que a tornam reconhecidamente inovadora no cenário nacional. Por fim, cite exemplos de inovações desenvolvidas por ela.

Para saber mais

Caso deseje se aprofundar nas técnicas para geração de novas ideias, consulte:

OSTERWALDER, A.; PIGNEUR, Y. **Business Model Generation**: inovação em modelos de negócios. Tradução de Raphael Bonelli. Rio de Janeiro: Alta Books, 2011.

Acesse o *site* do criador da técnica do mapa mental, Tony Buzan, e desenvolva suas ideias com base nessa técnica:

IMIND MAP. **How to Mind Map**. 2018. Disponível em: <https://imindmap.com/how-to-mind-map>. Acesso em: 30 jun. 2018.

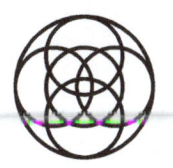

06

DESENVOLVIMENTO DE PRODUTOS E DE SERVIÇOS INOVADORES

06

Conteúdos do capítulo:
- Protagonismo das pessoas em processos de inovação.
- Papel determinante de equipes com alto envolvimento.
- Aspectos da atividade de pesquisa e desenvolvimento (P&D).
- Proteção à propriedade intelectual.
- Registros e patentes tecnológicas.
- Trajetórias de conhecimento e de tecnologia.
- Rumos de inovações.

Após o estudo deste capítulo, você será capaz de:
1. diferenciar trabalho em grupo de trabalho em equipe;
2. entender o sentido de trabalho de equipe com alto envolvimento;
3. avaliar as características da atividade de pesquisa e desenvolvimento (P&D);
4. compreender a importância da propriedade intelectual no contexto da empresa;
5. obter informações sobre registros e patentes tecnológicas;
6. entender a dinâmica da transferência de tecnologia;
7. refletir a respeito das perspectivas atuais e futuras acerca das inovações.

DESENVOLVER PRODUTOS E serviços inovadores implica desafiar uma lógica inerente às práticas comuns da grande maioria das empresas: via de regra, elas não são adeptas a uma cultura de inovação propriamente. O comum é que se mantenham apenas práticas corriqueiras de satisfação de necessidades operacionais. Logo, a superação do tradicionalismo implica em uma necessária mudança de postura em termos de estruturação para um modelo inovador de negócio, composto por uma estratégia inovadora e um sistema de gestão alinhado com esses propósitos.

Um elemento diferencial para que haja o desenvolvimento de produtos e de serviços inovadores é a criação de uma equipe específica para esse fim, voltada e estruturada para práticas essencialmente inovadoras. Conforme essa perspectiva, ideias iniciais serão convertidas em produtos inovadores conforme critérios de seleção e de filtragem, de identificação de oportunidades, de avaliações e de seleção, a fim de que sejam encaminhadas para a fase posterior, de desenvolvimento, constituída de etapas mais numerosas, desafiadoras e elaboradas.

Ao longo desta obra, a expressão *desenvolvimento* foi utilizada de maneira genérica sempre que nos referimos a inovações, e não há nada de errado nisso. Contudo, como já é de nosso conhecimento, a produção de produtos ou serviços inovadores implica transitarmos da fase inicial, de seleção e de pesquisa, para a de desenvolvimento. Neste capítulo, teremos o cuidado, sempre que necessário, de fazer essa distinção.

O papel das pessoas no processo de inovação

Já destacamos que as pessoas, devidamente organizadas em equipes de trabalho, são o maior bem de uma empresa. Entretanto, esses bens preciosos não passam de pedras brutas se não houver uma gestão efetiva no sentido de saber extrair o que elas têm de melhor a oferecer. Estamos nos referindo à gestão de pessoas: de projetos e processos que envolvem sujeitos cujos conhecimentos precisam estar alinhados com os propósitos da empresa que deseja inovar.

Em contrapartida, a empresa que deseja inovar precisa se apropriar do espírito renovador da modernidade e do potencial de seus integrantes e, assim, remodelar-se, inovando a si mesma. Por isso, muitos esforços são necessários para gerir uma equipe eficiente.

Trabalho eficiente em grupo e em equipe

Todos sabemos o que é trabalhar em equipe. Contudo, sabemos diferenciar *grupos de trabalho* de *trabalho em equipe*? Sabemos do que trata a sinergia? Usualmente, um gestor tem as respostas para essas questões, até porque, conceitualmente, são pontos de fácil entendimento, mas teoria é sempre teoria. O desafio é aplicar conceitos de fácil assimilação ao dia a dia dos indivíduos que compõem uma organização e precisam desempenhar diferentes papéis em um contexto em que a integração é fundamental, como nas empresas que lidam com inovação. Assim, a teoria recheada de expectativas deve ser harmonizada com a realidade das equipes de trabalho, uma tarefa árdua que demanda uma gestão talentosa, na qual experiência acadêmica e prática, bem como habilidades comunicacionais, inter-relacionais, de agregação, de mediação de conflitos, de empatia, de rigor e de postura exemplar são atributos altamente recomendáveis.

Uma gestão que alie entusiasmo e pragmatismo, somada a motivação, incentivos e reconhecimento (recompensa), conduzirá equipes capazes de fazer com que sua ida ao trabalho seja algo que definitivamente valha a pena. Um grupo de trabalhadores reunidos em torno de um projeto inovador não é, necessariamente, uma equipe. Em sentido geral, trata-se apenas de um grupo, e temos de compreender que *grupo* pode significar apenas a reunião de pessoas em torno de um objetivo, cada qual com seus perfil e suas subjetividades, já que estamos lidando essencialmente com questões de comportamento. Como sabemos, o que se espera de indivíduos nessas circunstâncias são posturas ativas, envolvimento e manifestação de conhecimento por meio de resultados.

Imaginemos uma magistral orquestra sinfônica. Ou melhor: pensemos em times de futebol, de preferência europeus, como Real Madri e Barcelona. Pensemos também nas campeoníssimas seleções masculina e feminina de vôlei do Brasil. Esses times vencedores são mais do que apenas grupos, pois grupos podem ser constituídos de talentos singulares diversos e muitas vezes não atingir resultados esperados em decorrência de variadas questões individuais, subjetivas, ou mesmo pela de falta de liderança ou por gestão inadequada.

Abrindo um parêntese: talvez você esteja pensando em situações nas quais os jogadores de futebol, sabotando o time, causam a demissão do treinador. Sabemos que em empresas isso também pode acontecer; um grupo insatisfeito, incendiado por questões das mais diversas, pode "derrubar" o chefe. Então, diferentemente de um grupo, uma equipe é formada por trabalhadores unidos por objetivos comuns no âmbito da organização inovadora, comprometidos com os êxitos das tarefas (projetos, produtos, processos) que realizam. A soma de inteligências bem conduzidas e bem lideradas, incentivadas, reconhecidas, em que cada um se enxerga como peça importante na empresa, muito provavelmente alcançará os resultados almejados.

Quanto à sinergia, podemos dizer que se trata de uma ambiência, uma ligação que envolve a equipe em um contexto em que cada uma das inteligências (trabalhadores) oferece o que tem de melhor. Onde há sinergia há eficiência, bom desempenho e, consequentemente, resultados positivos. Por exemplo, o trabalho em grupo pode apenas significar a soma de 1 + 1 obtendo 2 como resultado, ao passo que o trabalho em equipe proporcionará mais do que isso: poderá ser 3, 4, 5... 10 – o todo é maior do que a soma das partes.

Esse processo acaba construindo um resultado extremamente positivo, pois as empresas que propiciam os melhores ambientes para se trabalhar naturalmente atraem o interesse dos melhores profissionais, o que reforça o resultado ao longo do tempo.

Trabalho em equipe com pessoas-chave

A existência de indivíduos-chave compondo equipes de trabalho é fundamental, uma vez que essas pessoas têm talentos específicos, um vasto conhecimento sobre tecnologias e saberes técnicos que se destacam em relação aos demais membros do time. Para além do papel estratégico que podem executar, como inventores, gestores ou propriamente líderes, esses sujeitos especiais serão demandados sempre que houver problemas no decorrer de algum projeto, que normalmente apenas eles possam resolver. Ademais, atuam como facilitadores, transitando entre as equipes e a alta gestão.

Apesar dos feitos que realizam, não podemos afirmar que sejam capazes de resolver dissabores que não sejam de ordem técnica. Por exemplo, se houver desinteresse por parte da organização ou falta de recursos financeiros ou de outra ordem, muito pouco poderão realizar. Ainda, é preciso salientarmos que o conhecimento estratégico que esses indivíduos-chave detêm não pode desestabilizar a equipe pela desmedida confiança que enxerguem em si mesmos (vaidade) ou caso eles sejam vistos como tábua de salvação pelos demais.

Retomemos o exemplo futebolístico. Um grande artilheiro precisa receber a bola para fazer gols, a qual passa por vários pés até que chegue a ele. Essa figura essencial à qual nos referimos visa proporcionar o bem dos projetos dos quais faz parte. Todavia, sua gestão ou liderança, em função dos poderes que possui, não está isenta de erros, o que pode comprometer projetos e, por conseguinte, a própria organização.

Outra figura-chave é o patrocinador organizacional. Em regra, o papel dele é de facilitação, pois deverá se colocar entre a equipe de projeto e a alta gestão, utilizando seu poder de convencimento. Será a pessoa que, a despeito de não ter profundo conhecimento técnico, terá o papel de transformar possíveis "nós em laços", para o bem do projeto em que acredita. Estudos organizacionais fazem referência a dois tipos de indivíduos-chave: peso-pesado e peso-leve. O primeiro é tão autônomo que suas decisões podem até superar às do CEO de uma empresa, como acontece em organizações japonesas. O segundo faz referência à liderança mais propensa a tarefas menos complexas (Tidd; Bessant, 2015). Convém, para esses casos, adequar a proposta de trabalho ao perfil do gerente, que poderá ter um ou outro "peso" em sua atuação.

Quadro 6.1 – Quadro geral sobre o papel das pessoas no processo de inovação

Atividade de gestão ou liderança	Deve extrair das equipes o que elas tiverem de melhor a oferecer para o desenvolvimento de inovações na empresa.
Grupo	Não é o mesmo que equipe; pode ser apenas uma reunião de trabalhadores em torno de um fim comum, mas envolta em subjetividades e situações que influenciam seus desempenhos, aquém ao esperado; uma gestão ou liderança ineficaz pode contribuir para isso.
Equipe	Reunião de indivíduos em torno de objetivos comuns, comprometidos e envolvidos; soma de inteligências bem lideradas, em que há sinergia e eficiência.
Pessoas-chave	Lideranças de equipes com papéis específicos, seja por terem conhecimentos diferenciados, seja para efetuarem mediação entre a alta gestão e as equipes das quais estão à frente; uma gestão ou liderança eficiente é determinante para isso.

A título de curiosidade, empresas de pesquisa e desenvolvimento (P&D) de países como Alemanha, Estados Unidos, Grã-Bretanha e Suíça, no que diz respeito a papéis-chave, conforme as naturezas dos projetos a serem desenvolvidos, costumam designar gestores nominando-os como *promotores*, havendo o especialista de poder, de processo, de relacionamentos e o campeão, conforme características pessoais identificadas e que se entrelaçam com a função designada.

Equipes com alto envolvimento

Até aqui, tudo de que tratamos têm relação com o papel singular das pessoas em relação a processos inovadores. Sabemos que *inovações* – e preferimos esse termo a *invenções* – podem provir das ideias de uma única pessoa, podendo até mesmo ser desenvolvida por ela em uma garagem, por exemplo. Mas, para além disso, nossa visão abarca a proposta de inovação tecnológica com enfoque na gestão empresarial. Assim, falar de alto envolvimento significa que a empresa pertence a todos os seus sujeitos. É pensar nela como um todo, em perspectiva de integração, imaginando e construindo uma realidade em que as inovações, em todas as suas faces, com problemas e soluções, são responsabilidade de todos. Diante dessa perspectiva, há prevalência para o trabalho em equipe com ênfase na inovação em todos os tipos e níveis.

O objetivo dessa prática é o desenvolvimento de bens e de serviços com superior qualidade, em menor tempo e custo, com maior perspectiva de lucro e enxugando processos de produção, algo que se obtém, conforme estudos organizacionais por meio do fomento de programas colaborativos com base em sugestões e ideias que partam de todos os funcionários da empresa mediante estímulos, reconhecimento e incentivos financeiros. Para tanto, é necessário estruturar um departamento responsável pelo recebimento e pela seleção de sugestões e ideias, que inicialmente chegarão em grande número, mas tenderão a diminuir com o passar do tempo, o que exigirá esforços para manter a proposta ou o programa estimulando a adesão de todos.

O conceito de alto envolvimento foi absorvido com base na experiência japonesa no mercado automobilístico, que décadas atrás se mostrou muito mais eficiente que as demais montadoras dos mercados norte-americano e europeu. Contudo, há registros de que tal prática, apesar de ter ganhado força no fim do século XX, remonta ao fim do século XIX, quando sugestões para otimização de processos de produção e de redução de custos em empresas nos Estados Unidos e na Europa eram recomendadas e devidamente recompensadas.

A lógica da "manufatura enxuta", com o envolvimento de ideias e sugestões, visa alcançar não apenas algo totalmente novo, mas também os 4 Ps da inovação (paradigma, produto, processo e posição), e, como é de se esperar, não acontece do dia para a noite, tendendo a gerar frutos em médio e até em longo prazo. Sua aplicação, como programa dentro da empresa, envolve pelo menos cinco estágios ou fases, sendo a primeira a mais concentrada, com a colaboração significativa; a terceira dá mostras de que o hábito já está sendo incorporado; e a quinta significa aculturamento dos membros da organização.

Pesquisas apontam que grandes empresas multinacionais dos setores automobilístico e farmacológico, por exemplo, economizam enormes somas por ano, na ordem de milhões, pelo fato de implementarem programas de alto envolvimento com seus funcionários (Tidd; Bessant, 2015). Para elas, essa otimização implicou em rapidez, manutenção da qualidade dos bens produzidos e lucratividade.

Características da atividade de pesquisa e desenvolvimento

A pesquisa compreende a etapa inicial em que uma ideia surge e uma inovação é cogitada. Estando madura o suficiente, passa-se para fase formal de desenvolvimento do bem ou do serviço. Para fins de caracterização dessas duas fases determinantes relativas ao processo de inovação tecnológica, optamos por abordar suas características separadamente.

Pesquisa

A pesquisa é, sem dúvidas, a principal fonte de inovações e seu aspecto primordial consiste na busca de ideias e de possibilidades de inovação, em regra mediadas por ações ao máximo eficientes e estratégicas no âmbito da organização, cujo nível de dificuldade poderá oscilar conforme a opção da empresa pela inovação incremental ou radical. Nesse caso, quanto mais a organização investir em pesquisa – algo indispensável e fator determinante para se manter competitiva –, mais ela manifestará seu caráter inovador.

O trabalho de busca por meio de redes de pesquisa faz com que coexistam tanto programas internos de sugestões e de ideias de alto envolvimento dos funcionários da empresa quanto a procura por ideias e conhecimentos que venham de fora da organização, conforme a ótica da inovação aberta. As características da pesquisa, de acordo com os propósitos da organização inovadora, relacionam-se fortemente com a eficiência da gestão em relação às informações e aos conhecimentos que esta gerencia e procura.

A seguir, indicamos algumas características gerais, elementos importantes que envolvem a atividade de pesquisa visando ao posterior desenvolvimento de tecnologias inovadoras:

- definição clara do produto objeto de pesquisa;
- avaliação financeira;
- análise da concorrência;
- criação de conceitos visando ao desenvolvimento de bens conforme idealizado;
- seleção ou triagem e escolha de projeto com potencial inovador;
- verificação de tendências de mercado e de necessidades de clientes.

Contudo, além de detectar e listar aspectos relativos a projetos específicos de pesquisa, é preciso enfatizar que o mais importante é a empresa estar dotada de mecanismos capazes de garantir que conhecimentos sejam alcançáveis, avaliados e passíveis de desenvolvimento.

Desenvolvimento

Pelo menos dois fatores são determinantes para o bom desenvolvimento de um projeto de pesquisa: uma organização apropriada e uma gestão muito bem delineada em relação à fase de desenvolvimento. Assim como no anterior, podemos listar os principais aspectos da atividade de desenvolvimento:

- disponibilização de recursos materiais, imateriais e financeiros;
- existência de estágios avaliativos, experiências e comprovações que geram conclusões e acabam gradualmente reduzindo incertezas, algo bastante necessário, pois desenvolvimento implica comprometimento de recursos: portões (*gates*), funil de incerteza e indicadores;
- condução estruturada e roteirizada de trabalho;
- integração de equipes, otimização de processos e trabalho interdepartamental; conforme veremos mais adiante, há situações em que membros da equipe de desenvolvimento interagem com a equipe de pesquisa e vice-versa;
- resolução de situações (questões, problemas);
- garantia e manutenção de recursos financeiros – investimentos para a continuidade do desenvolvimento;
- atenção constante à concorrência;
- cuidados quanto à gestão de pessoas, mediante práticas dinâmicas de gerenciamento visando à eficiência, que muitas vezes demanda flexibilidade por parte da organização;

- busca de parcerias externas, no caso de inovações radicais, prática já realizada pela multinacional 3M, por exemplo;
- considerações que antecedem a fase de comercialização – atividades de *marketing* e estudos de mercado;
- comercialização, que, embora pareça ser a fase final, acaba se tornando uma extensão do desenvolvimento, pois com ela realizam-se testes e avaliações por parte dos clientes e há obtenção de informações importantes para fins de aperfeiçoamento e até mesmo de produção de novos bens.

Ainda, a conjugação de outros fatores – sinergia entre equipes e tecnologias utilizáveis; comprometimento da alta gerência; habilidade para improvisações; e troca de informações entre equipes, muitas vezes sob pressão – também caracterizam a fase de desenvolvimento do produto.

Figura 6.1 – Fatores para uma inovação bem-sucedida

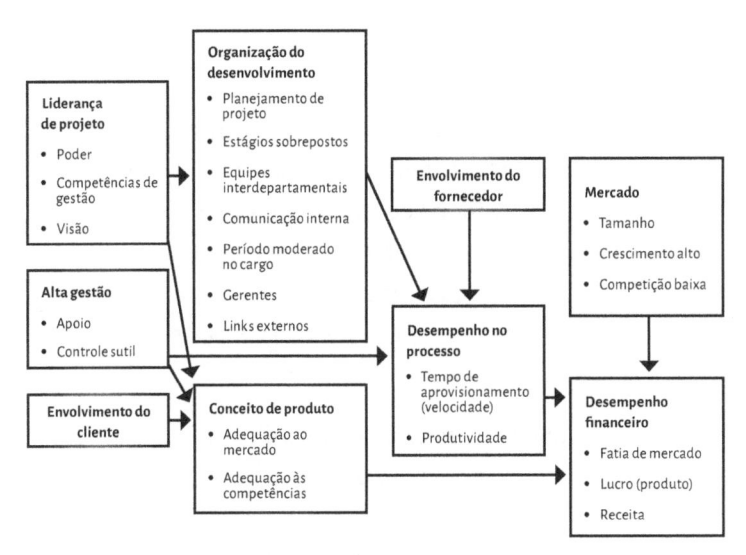

Liderança de projeto	Organização do desenvolvimento	Envolvimento do fornecedor	Mercado
• Poder • Competências de gestão • Visão	• Planejamento de projeto • Estágios sobrepostos • Equipes interdepartamentais • Comunicação interna • Período moderado no cargo • Gerentes • Links externos		• Tamanho • Crescimento alto • Competição baixa

Alta gestão		Desempenho no processo	Desempenho financeiro
• Apoio • Controle sutil		• Tempo de aprovisionamento (velocidade) • Produtividade	• Fatia de mercado • Lucro (produto) • Receita

Envolvimento do cliente	Conceito de produto
	• Adequação ao mercado • Adequação às competências

Fonte: Tidd; Bessant, 2015, p. 394.

A Figura 6.1, utilizada por Tidd e Bessant (2015), expressa o encadeamento de ações que possivelmente redundam na implementação de uma inovação bem-sucedida.

Regime de propriedade intelectual

Conforme já abordamos, ser "proprietário intelectual" significa deter os direitos sobre uma ideia, posteriormente convertida em bem ou serviço inovador dotado de tecnologia própria, a qual precisa ser preservada. Além disso, devem ser garantidos ao criador todos os direitos exclusivos sobre a criação intelectual. Naturalmente, referimo-nos principalmente às criações industriais, voltadas para as empresas e com fins de comercialização: as inovações. Esclarecemos isso pelo fato de a proteção intelectual alcançar outros terrenos, como o artístico e o literário, associados ao que se denomina *direito autoral*.

A proteção à criação intelectual objetiva resguardar bens incorpóreos cuja proteção jurídica definida em lei própria pode ser constituída sob a forma de **patentes industriais**, mas também alcança os segredos industriais, o *know-how* do criador ou da empresa, desenhos industriais, *design*, marcas, entre outros.

A detenção da propriedade intelectual por parte de seu idealizador objetiva:

- proteção jurídica do esforço inovativo dispendido para a criação de um bem ou serviço proveniente de uma ideia inovadora;
- monopólio provisório, normalmente de 20 anos, para utilização da inovação, com legitimação para o criador explorar exclusivamente a invenção durante esse lapso temporal;

- garantia de retorno financeiro pelo trabalho de criação com base em uma ideia, o que estimula a atividade de pesquisa no sentido de prosseguir as buscas de mais inovações, "acirrando o combate" e estimulando a competitividade.

A defesa da propriedade criativa de um agente inovador por meio da obtenção de patentes, por exemplo, significa muito mais do que assegurar o direito de colher os frutos do valor gerado – em ambientes extremamente competitivos, diga-se de passagem. É preciso considerarmos que aspectos sociais e avanços tecnológicos também justificam tal proteção, tanto é assim que cabe ao Estado esse papel.

Entre os acordos internacionais que disciplinam o assunto, os quais remontam às Convenções de Paris e Berna, em 1883, têm o *Trade Related Aspects of Intellectual Rights Including Trade in Counterfeit Goods* (Trips, em português, Acordo sobre Aspectos dos Direitos de Propriedade Intelectual Relacionados ao Comércio), de 1994, do qual o Brasil é signatário, como o mais importante. No Brasil, a Constituição Federal, em seu art. 5º, inciso XXIX, informa que lei própria assegurará "aos autores de inventos industriais privilégio temporário para sua utilização, bem como proteção às criações industriais, à propriedade das marcas, aos nomes de empresas e a outros signos distintivos, tendo em vista o interesse social e o desenvolvimento tecnológico e econômico do País" (Brasil, 1988). Em decorrência desse comando constitucional, foi promulgada a Lei de Propriedade Industrial no sentido de regulamentar a questão da propriedade intelectual, bastante influenciada pelo acordo Trips.

Registros e patentes tecnológicas

Para clarificar o entendimento a respeito do tema, estabeleceremos comparações com situações comuns. Quando compramos um carro novo ou a tão sonhada casa própria, em linhas gerais, tornamo-nos proprietários desses bens materiais. Mas quais são as garantias de que eles nos pertencem? Como comprovamos que esses bens são nossos? O contrato de compra e venda e o registro do automóvel perante o órgão oficial (Departamento de Trânsito – Detran), ambos em nosso nome, são documentos comprobatórios. O contrato e a escritura pública de compra e venda do imóvel, bem como a matrícula registrada perante o órgão competente (Registro de Imóveis) e os documentos em nosso nome são garantias comprobatórias.

Em relação aos bens incorpóreos ou imateriais, no caso, a propriedade intelectual, não é tão diferente. O que difere é o processo para a obtenção dos registros, que exige a observação de requisitos legais. Assim, o que era íntimo, a ideia que era restrita ao intelecto de seu criador, torna-se oficialmente pública com a obtenção de uma patente. No Brasil, o registro ocorre mediante concessão de carta-patente do Instituto Nacional de Propriedade Intelectual (Inpi) e a tecnologia se torna conhecida a partir da formalização desse ato: o solicitante fica resguardado conforme proteção que o Estado confere a ele na condição de detentor exclusivo dos direitos de uso e de reprodução de seu bem por prazo determinado de 20 anos – prazo que também se aplica no exterior.

A obtenção da carta-patente tanto no Brasil quanto no exterior exige a demonstração de múltiplos requisitos, sem os quais o registro da inovação se torna inviável. Os renomados autores

Joe Tidd e John Bessant (2015) elencam os seguintes critérios, de natureza jurídica, cuja comprovação é considerada indispensável:

- **Novidade** – É literalmente o que enuncia, no sentido de ineditismo; dado relevante é o fato de quem registrar primeiro a inovação ficar com a patente, mesmo que não seja o primeiro a criá-la; o quesito novidade deve ser contemplado nos demais itens que seguem.
- **Etapa inventiva** – Pode variar em níveis de complexidade, de acordo com a natureza dos projetos no qual o inventor estiver envolvido; pode ser uma máquina que realiza determinada etapa na produção de algo.
- **Aplicação industrial** – Relaciona-se aos produtos, aos processos ou a aplicações em máquinas na condição de testes de utilidade e tem caráter adicional.
- **Matéria patenteável** – Em alguns países, determinados programas não podem ser patenteados, então é preciso se certificar de que a inovação pertence a segmentos de pesquisa passíveis de registro; normalmente, há previsão legal quanto a isso.
- **Divulgação clara e completa** – Caráter público e amplo quanto à existência de inovação que é patenteada; é preciso avaliar se a melhor estratégia é a divulgação ou a discrição, porém, uma vez ameaçados os direitos do detentor da patente, ele poderá tomar as medidas legais que julgar necessárias.

Além das patentes, a propriedade intelectual protege os direitos autorais, como expressão de ideias, e não exatamente as ideias em si; os direitos de *design* de produto, suas formas e configurações; e as marcas. Um último aspecto que consideramos relevante é o licenciamento dos direitos relativos à propriedade intelectual. Por exemplo, se você quer utilizar a suíte Office, é necessário adquirir uma licença de uso concedida pela Microsoft.

O detentor de determinada tecnologia, ao cedê-la para a exploração de terceiros, a depender do tipo de acordo firmado e da finalidade que se objetiva, receberá *royalties*, que, em linhas gerais, trata-se de um licenciamento em negociações mais expressivas em termos comerciais.

Transferência de conhecimento e de tecnologia

A transferência de tecnologia de pesquisa para o desenvolvimento do produto – sua saída de um laboratório inicial onde a ideia surge e é validada – ocorre em uma perspectiva de continuidade cujo objetivo é alcançar um produto bem-sucedido. Para um projeto seguir adiante, por mais óbvio que pareça, a pesquisa precisa ser clara quanto aos aspectos técnicos e tecnológicos. Isso implica dizer que uma avaliação criteriosa é realizada, especialmente com o objetivo de saber se o projeto de pesquisa está maduro o suficiente para receber os investimentos necessários para fins de desenvolvimento. Há situações em que a pressa, no sentido de serem realizadas pesquisas que não apresentavam bases técnicas consistentes, ocasionou abandono durante a fase de desenvolvimento, algo que poderia ter sido evitado, pois também significa prejuízo para a organização. É preciso, desde o início, determinar onde o bem ou o serviço se encaixarão no futuro.

A transferência de conhecimento e de tecnologia pode ocorrer na própria empresa, conforme sua estruturação e organização, no caso de haver integração da equipe de criação com a de desenvolvimento. Pode haver situações em que determinada empresa, como a gigante IBM, separe esses departamentos, o que não impacta negativamente a transferência para o posterior desenvolvimento. Algo que precisa ser observado quanto à transferência de conhecimentos e de tecnologia é o fato de que a lógica da inovação aberta opera fortemente no sentido de estabelecer conexões entre pesquisa e desenvolvimento, pois a transferência de tecnologia ocorre não apenas de um departamento para outro dentro da empresa. Cooperação e parcerias entre empresas, em muitos casos, são importantes elementos a serem considerados.

A reunião de empresas na modalidade *joint ventures* pode gerar e transferir conhecimentos e promover desenvolvimento, assim como uma pequena empresa ou uma *start-up* pode iniciar uma pesquisa e, posteriormente, vê-la sendo promovida por outra maior, seja pela venda de uma patente, seja pelo pagamento de uso da ideia, seja por aquisição da *start-up* ou pequena empresa, seja ainda por meio de parceria. Há um vasto terreno de possibilidades. A transferência realizada por intermédio de parcerias em regime de colaboração vem sendo bastante difundida, além de ser relevante em termos de avanços científicos, tecnológicos e sociais. Referimo-nos aqui a parcerias decorrentes da união de esforços entre empresas, universidades e governo.

Por exemplo, a parceria estabelecida entre os parques científico ou tecnológico de uma universidade e de uma empresa gera resultados positivos, pois os frutos fortalecem o potencial criativo de ambas, gerando estímulos de mão dupla: de um lado a universidade, cuja atividade principal é a pesquisa por excelência, que precisa de campo para ter a validação de seus projetos; do outro lado, a empresa, que deseja ampliar e variar seu espectro de produção e, ao se envolver com pesquisas e conhecimentos inovadores, promove o desenvolvimento de uma tecnologia da qual fez parte desde o início. Dos governos, espera-se o estímulo com políticas de incentivos fiscais que fomentem parcerias entre empresas e universidades públicas e privadas, o que já acontece na prática. Assim, a justificativa de o Estado ser precário em recursos, no caso do Brasil, e por essa razão não promover o fomento que deveria, é amenizada.

Além disso, estudos apontam que há situações em que empresas parceiras podem se instalar nas universidades caso o contrato de cooperação assim preveja. Nessa situação, o que importa é a união de esforços no sentido de serem transferidos os conhecimentos do laboratório da universidade para a equipe de desenvolvimento da empresa parceira e dela para o mercado comercial (Figlioli; Porto, 2006). Aspectos sociais desse tipo de relação, além do ganho para ambas as organizações, que não se constituirá apenas em lucro, certamente são o incentivo à produção acadêmica por meio de pesquisa de bens e de serviços úteis para a sociedade e também a possibilidade de os pesquisadores acadêmicos serem contratados pela empresa parceira, o que implica em geração de empregos.

Uma vez estabelecidas essas considerações, pensemos em um exemplo hipotético e ao mesmo tempo alinhado com a realidade. Nosso objeto de estudo é inovação e tecnologia, então, se esses temas vêm instigando você, não perca a oportunidade de dar asas a sua imaginação. Quem sabe uma *start-up* surja pelo caminho! Quanto ao exemplo, visualizemos as transações bancárias que realizamos com o uso de nossos *smartphones* – um "eliminador de filas". A segurança das informações é primordial e, por isso, sempre há novas versões dos *softwares* e prevalência de inovações incrementais a cada nova versão do aplicativo. Contudo, nos interessa enxergar que esse importante *software*, em sua versão inaugural, foi pensado, experimentado em um laboratório de tecnologia de informação (TI) até que a tecnologia fosse transferida para a fase de desenvolvimento e de entrega ao usuário.

É possível que determinado banco tenha pesquisado e desenvolvido o *software* com equipe própria; pode ser que o tenha solicitado a uma empresa de terceirizada TI, que pesquisou e transferiu a tecnologia para a equipe de TI do banco; é possível que a empresa terceirizada tenha feito todo o trabalho, tendo o banco como parceiro/cliente. Há múltiplas possibilidades em um único exemplo, em que a lógica da parceria é bastante significativa.

Quadro 6.2 – Quadro geral sobre transferência de tecnologia

Perspectiva de continuidade	Do laboratório inicial onde a ideia surge para o posterior desenvolvimento, em outro departamento, pelas mãos de outra equipe.
Parcerias	Mediante negociações com *startups*, *joint ventures*; entre empresas, universidades e governo; empresas terceirizadas.
Aspectos sociais	Para universidades e empresas parceiras: estímulo e investimentos pela empresa e possível contratação de formandos para compor o quadro de funcionários.
Registros e patentes	A transferência de tecnologia se dará também pelo registro e pela venda de patentes por parte de seu criador.

A experiência da IBM

Sabidamente uma das maiores gigantes do ramo de computação em todo o mundo, a IBM contribui com nosso aprendizado ao apresentar alguns aspectos que envolvem seu modo de gerar e transferir tecnologia há mais de cinco décadas. Tratam-se de relatos importantes, obtidos na obra de Burgelman, Christensen e Wheelwright (2012), que, por mostrarem uma referência mundial em tecnologia, consideramos relevante abordar:

- As pesquisas realizadas são absolutamente rigorosas e criteriosas no sentido de haver demonstrações ao máximo claras quanto à viabilidade dos projetos. Para tanto, designa-se uma

pessoa-chave, um defensor interno, responsável pela efetividade da inovação, bem como um externo, que terá a função de fazer um contraponto e validar ainda mais a transferência para a fase de desenvolvimento.
- Em uma perspectiva de integração, profissionais que compõem equipes de desenvolvimento, com altos conhecimentos acerca de criação e de pesquisa em tecnologias, interferem atuando como consultores, investigando, questionando e acompanhando as etapas iniciais. Essa atuação facilita e reforça a viabilidade do projeto, quando aprovado, que após a transferência para a fase de desenvolvimento pode ser assumido pelos consultores.
- Quando há conhecimento de que uma tecnologia similar vem sendo trabalhada por um concorrente, surge uma "pressão útil" no sentido de propiciar a transferência da pesquisa para o desenvolvimento. Uma atividade externa similar acaba se transformando em combustível para os técnicos da IBM, estabelecendo parâmetros comparativos em função das informações obtidas. Quando esse quadro não se desenha, a atividade se torna mais difícil e as conclusões têm de partir da experiência da própria empresa.
- Em um contexto de colaboração, houve situações em que o governo solicitou sistemas de segurança e as regras do contrato estabelecido acabou influenciando tanto a pesquisa quanto o desenvolvimento do serviço requisitado.
- Há relatos de pesquisas que não conseguiram gerar convencimento suficiente para avançarem à fase de desenvolvimento, o que implicou em uma campanha a fim de que fossem desenvolvidas internamente.
- Transferir não significa parar a pesquisa que passou para o desenvolvimento. Há situações de intercâmbio de pessoas,

que transitam do desenvolvimento para o setor de pesquisa e vice-versa.

Por fim, há inúmeros exemplos das mais variadas práticas e das mais diferentes empresas, que se organizam para estabelecer estratégias de pesquisa e de desenvolvimento que mais se adequem a seu modelo de negócio e aos objetivos em relação à geração de valor que pretendem obter.

Estudo de caso

Siemens chega à marca de oito centros de pesquisa [em] tecnologia no Brasil

A Siemens alcançou a marca de oito centros de Pesquisa e Desenvolvimento com foco no aprimoramento de tecnologias de ponta. Sediado em Belo Horizonte, Minas Gerais, o novo centro tem como origem a Senergy, startup brasileira adquirida pela Siemens em 2012. O núcleo já é um centro de competência global para detecção de perdas não técnicas de energia e referência em exportação de softwares e soluções.

"O novo centro de P&D faz parte da estratégia da Siemens de oferecer soluções para redes elétricas inteligentes tanto no mercado brasileiro como global", explica Sergio Jacobsen, Gerente Geral de Serviços e Soluções para Smart Grids da Siemens no Brasil. "Ele demonstra o compromisso da Siemens com o desenvolvimento de soluções inovadoras no mercado nacional. Temos profissionais criando tecnologias capazes de contribuir com a integração e modernização dos sistemas".

No Brasil, as perdas comerciais, que correspondem a fraudes e problemas de medição e faturamento representaram em 2013 um prejuízo de aproximadamente 6 bilhões de reais às concessionárias, de acordo com dados da Agência Nacional de Energia Elétrica (ANEEL). Segundo a entidade, a região Norte é líder no índice de perdas comerciais, com média de 22% do total da energia injetada no sistema.

Entre as principais tecnologias desenvolvidas no novo centro de P&D estão soluções de medição para toda a cadeia de transmissão. Um dos destaques do portfólio da empresa para este mercado é o MECE, sistema de gerenciamento dos dados de medição capaz de organizar, processar e facilitar a visualização das informações.

Em 2013, a Siemens forneceu ao Grupo Eletrobrás solução completa de medição de energia. As tecnologias da companhia já estão instaladas nas seis distribuidoras de energia do Grupo, localizadas em Alagoas, Piauí, Roraima, Rondônia, Acre e Amazonas. O monitoramento desses grandes consumidores já está sendo feito por meio de Centros de Medição instalados em cada região, que têm como objetivo controlar as operações para redução das perdas não técnicas nas distribuidoras da Eletrobrás.

Inovação: A Siemens é uma empresa inovadora por natureza e por origem, e conta atualmente com cerca de 60 mil patentes ativas, gerando anualmente cerca de oito mil novos inventos produzidos em seus mais de 140 centros de P&D localizados em 30 países.

No Brasil, além do centro de competência voltado à detecção de perdas de energia, a Siemens conta com outros sete centros Pesquisa, Desenvolvimento e Engenharia Não-rotineira no Brasil, empregando técnicos, engenheiros, mestres e doutores, dedicados ao desenvolvimento e aperfeiçoamento de produtos e soluções para nossos clientes.

Em 2012, a empresa escolheu o Brasil para instalar sua primeira unidade voltada às soluções Smart Grid na América Latina. Localizado no Parque Tecnológico da Pontifícia Universidade Católica do Paraná (PUC-PR), em Curitiba, o centro tem suas atividades focadas em softwares e soluções de tecnologia da informação para a gestão e automação de sistemas de energia.

Fonte: Siemens no Brasil, 2014.

Propositalmente, selecionamos esse relato de experiência da multinacional alemã Siemens por termos constatado que as atividades da empresa estão conectadas com temas que abordarmos neste capítulo. Com base nesse estudo de caso, responda às seguintes perguntas:

1. Quais são as referências mencionadas no início da matéria e que têm relação com o que acabamos de estudar no capítulo? Há situação de transferência de tecnologia? Se sim, como isso ocorreu?

2. O parágrafo final também traz referências diretas a passagens do capítulo. De quais temas trata? A Siemens atua mediante estabelecimento de parcerias?

Tendências e perspectivas sobre inovação

Após todas as explanações que realizamos neste livro, agora nos cabe tecer algumas considerações a respeito do que o futuro nos reserva, para pensarmos desde já. Em se tratando de inovações e de tecnologia, o terreno é absolutamente fértil. Então, não será nossa função estabelecer listas e fazer apostas com base em inúmeros cenários possíveis; pelo contrário. Finalizaremos esta obra abordando a temática da inteligência artificial, cada vez menos ficção científica e mais realidade, bem como a imprescindível questão da inovação sustentável.

Tecnologia de inteligência artificial

Ao pesquisarmos a expressão *inteligência artificial* no Google, o primeiro item na lista de resultados foi o Watson, o supercomputador da IBM, hoje transformado em plataforma inteligente, hábil em processamento e em interpretação de uma quantidade enorme de dados. Talvez o maior ícone da chamada *inteligência artificial* de que temos notícia. A Figura 6.2 é uma representação conceitual de um sistema de inteligência artificial, segundo Schutzer (1987).

Figura 6.2 – Sistemas de inteligência artificial

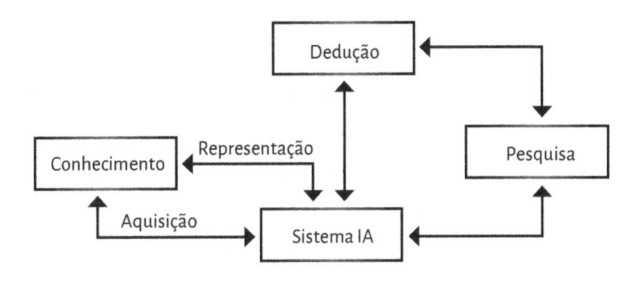

```
                    ┌──────────┐
                    │ Dedução  │◄────┐
                    └────┬─────┘     │
                         ▲▼          ▼
┌──────────────┐ Representação   ┌──────────┐
│ Conhecimento │◄──────────┬─────│ Pesquisa │
└──────────────┘           ▼     └──────────┘
       ▲    Aquisição  ┌────────────┐    ▲
       └───────────────│ Sistema IA │◄───┘
                       └────────────┘
```

Fonte: Elaborado com base em Schutzer, 1987.

Antes de prosseguirmos, queremos saber: Você chegou a pensar em robôs ao ler o enunciado deste tópico? Se sim, está certo. Sem dúvida é algo que viria à cabeça, e isso já compõe o imaginário popular mundial, porque há décadas esse tema vem sendo explorado não apenas nos laboratórios de pesquisa, mas na literatura e no cinema. Dois filmes emblemáticos, *A.I. Inteligência Artificial* e *O exterminador do futuro*, retrataram cenários obscuros em que robôs conviviam com humanos. Essa alegoria remete a uma realidade com a qual estamos nos deparando nos últimos anos, em um terreno em que a tecnologia de automação prenuncia um avanço sem precedentes e que impactará definitivamente os processos de produção, elevando a eficiência da geração de valor a um patamar nunca antes visto. Naturalmente, os impactos ambientais e sociais também serão sentidos.

Nesse sentido, uma pergunta surge: Como transportar para máquinas a capacidade inata dos seres humanos de raciocinar e agir mediante pensamentos coordenados, ao contextualizar a questão com a temática das inovações? Este será o assunto que veremos a seguir.

Indústria 4.0

A indústria 4.0, ou *manufatura avançada*, como a designam os japoneses e os norte-americanos, surgiu na Alemanha em 2011. Trata-se de uma revolução tecnológica em curso, considerada por especialistas como a Quarta Revolução Industrial, surgida com base em estudos nas áreas de tecnologia da informação e de engenharia. É demonstração de que estamos caminhando definitivamente para o desenvolvimento de máquinas cada vez mais autônomas, e isso se deve ao crescente emprego de inovações tecnológicas relativas a automação, controle e tecnologia da informação.

A proposta da Indústria 4.0 é uma verdadeira inovação disruptiva e seu objetivo é tornar eficientes os processos de produção das fábricas, conectando máquinas por meio de tecnologias cyber-físicas, de internet das coisas e de serviços. Nesse contexto, máquinas trabalharão conectadas entre si e em redes de informação – redes inteligentes que autonomamente controlarão a produção de bens e gerarão informações sobre a produção e seus ciclos de vida. A vantagem competitiva que se busca obter com essa lógica é a criação de máquinas cada vez mais sofisticadas e autônomas, eficientes na capacidade de produzir bens customizados e que se adéquam às demandas produtivas, objetivando, por meio das informações que detenham, adaptar a produção às preferências dos clientes. Soma-se à inteligência das máquinas uma capacidade de predição para atender aos interesses dos consumidores, operando em uma perspectiva de customização.

Quanto à ação humana, acontecerá remotamente. Será superada a imagem do sujeito que fica o dia inteiro operando máquinas na fábrica, apertando botões ou gerenciando informações, o qual poderá trabalhar remotamente com computador, *tablet* ou *smartphone*. Contudo, mesmo atuando virtualmente, recomenda-se o intercâmbio com os demais membros das equipes. Ainda, um pressuposto elementar para a implementação da Indústria 4.0 é a qualificação para a operação das tecnologias que a constituem. Isso implicará no aumento das demandas em pesquisa e em desenvolvimento, sendo necessária a capacitação de profissionais com formação multidisciplinar, predispostos a aprender novas habilidades além daquelas adquiridas em *campi* universitários.

Inovação sustentável

Apesar de todas as justificativas plausíveis no sentido de que são necessários esforços conjuntos para que nosso planeta seja conservado, diálogos relativos às práticas desenvolvimentistas sustentáveis ainda estão longe de ser consensuais. Isso se deve especialmente ao fato de prevalecer a lógica do indispensável fortalecimento das economias mundiais, o que envolve produção e estímulos ao consumo, fatores que normalmente não combinam com a perspectiva de proteção ao meio ambiente. Por conseguinte, pensar em inovações sustentáveis é um contraponto ao aspecto vertiginoso que as inovações, no contexto da modernidade, parecem deixar bem claro. Mas se as inovações, via de regra, são consideradas fatores que contribuem de maneira determinante para a degradação ambiental, o que podemos fazer para alterar esse cenário?

Claramente será necessário criar mecanismos que harmonizem três questões: social, econômica e ambiental. Este é nosso entendimento: o equilíbrio desse aspecto tríplice precisa ser contemplado mediante o emprego das inovações tecnológicas que resultem em gestão ética e responsáveis, no sentido de que as organizações administrem seus negócios garantindo a renovação dos recursos naturais utilizados.

Sustentabilidade × obsolescência programada

Na obsolescência programada, o ciclo de vida de um produto é reduzido por questões mercadológicas, em uma perspectiva em que as tecnologias não param de avançar e as empresas precisam inovar em contextos de intensa concorrência. Não significa dizer que os bens venham com um prazo de validade, como produtos perecíveis. Quer dizer que hoje adquirimos um bem, mas já estamos pensando na próxima versão dele, seja pelo fato de esta ser mais avançada tecnologicamente, seja porque nosso modelo já não comporta as atualizações de *software*, cujas incessantes atualizações se tornaram incompatíveis, como no caso dos *smartphones*.

Estamos tão imersos em tecnologia que, de certo modo, nos encontramos abduzidos. Muitas pessoas não veem a hora de trocar de *smartphone*, de TV e de automóvel. A obsolescência programada é o lado sombrio da inovação e da tecnologia, ao passo que um conceito bastante simples de sustentabilidade significa durabilidade dos recursos naturais de que dispomos. Logo, é preciso harmonizar situações que prática e conceitualmente são dissonantes.

É preciso e sempre será necessário produzir bens diversos com avançada tecnologia, mas a que preço? As inovações são fruto das ações do homem e da capacidade inata de se reinventar, desde o surgimento dos primeiros espécimes dotados de inteligência. Na balança dos benefícios e dos prejuízos, torna-se urgente inovar procurando o desenvolvimento de tecnologias que aliem utilidade e capacidade de trazer consigo soluções que reduzam os riscos ao meio ambiente e mantenham a qualidade de vida de todos. Aliás, as inovações e as tecnologias surgiram para melhorar nossa qualidade de vida, mas as despreocupações com os resultados nocivos da alta produtividade e do consumo em massa nublaram a visão de todos nós.

Um novo tempo, apesar dos perigos

Embora não haja consensos, felizmente há debates, políticas e uma crescente consciência de que é necessário conservar o Planeta, o que acontecerá mediante ações responsáveis por parte de organizações que procuram se educar para esse fim. Logicamente, gerar valor é uma necessidade econômica imperante, mas uma consciência corporativa relacionada à produção sustentável pode educar as empresas e os consumidores quanto aos cuidados com o meio ambiente.

Uma solução possível é tornarmos a perspectiva da implementação de inovações e de tecnologias sustentáveis cada vez mais uma realidade – e para o **agora**, pois esse não é um problema a ser deixado para as **futuras gerações**.

Indicadores de sustentabilidade

Embora o enfoque principal dado à temática esteja relacionado prioritariamente à questão da preservação do meio ambiente – pois a produção industrial e a preservação da natureza devem ser harmonizadas –, práticas sustentáveis alcançam outros elementos que constituem, no todo, o que deve ser compreendido como ações corporativas sustentáveis. Anualmente, por ocasião da realização do Fórum Econômico Mundial, em Davos, na Suíça, divulga-se a relação das 100 empresas mais adeptas às práticas sustentáveis ao redor do mundo.

Para entrar na lista, empresas dos mais variados segmentos precisam estar atentas e ter comportamentos sustentáveis em relação a 12 requisitos predefinidos: consumo de água, resíduos sólidos, emissões de carbono, energia, capacidade de inovação, pagamentos de impostos, relação entre salário médio do trabalhador e do CEO, planos de previdência corporativos, segurança do trabalho, percentual de mulheres na gestão e o chamado *bônus por desempenho*.

Síntese

Neste último capítulo, tratamos de temas variados, mas intrinsecamente ligados entre si. De início, destacamos a importância de pessoas organizadas em equipes, expressando o verdadeiro sentido de trabalho em equipe, que é diferente de trabalho em grupo. Abordamos também a questão das equipes com alto envolvimento, que aderem às práticas inovadoras por meio de programas de incentivo das empresas. Caracterizamos as atividades de P&D, diferenciando-as, e tratamos dos aspectos que envolvem a proteção jurídica da propriedade intelectual por intermédio de registros e de patentes tecnológicas.

Discorremos ainda sobre transferência de conhecimento e de tecnologia, seja do laboratório inicial para o de desenvolvimento, seja pela compra de patentes e por parcerias. Por último, falamos sobre a inteligência artificial e os aspectos ao mesmo tempo surpreendentes e assustadores da chamada *Indústria 4.0*, finalizando definitivamente o capítulo com uma questão singular: a inovação sustentável.

Questões para revisão

1. Qual dos itens a seguir **não indica** características da atividade de pesquisa?
    a) Definição clara do produto objeto de pesquisa.
    b) Avaliação financeira.
    c) Criação de conceitos visando ao desenvolvimento de bens conforme idealizado.
    d) Transferência de desenvolvimento.
    e) Verificação de tendências de mercado e de necessidades de clientes.

2. A respeito dos aspectos que envolvem práticas de transferência de tecnologia, marque a alternativa correta.
   a) A transferência de tecnologia de pesquisa para o desenvolvimento do produto caracteriza-se única e exclusivamente por sua saída de um laboratório inicial onde a ideia surge e é validada.
   b) São incomuns as situações onde poderá haver certa pressa para serem realizadas pesquisas que não tinham bases técnicas consistentes a fim resultarem em projetos inovadores.
   c) Uma avaliação criteriosa é realizada, especialmente para saber se o projeto de pesquisa se encontra maduro o suficiente para receber os investimentos necessários para fins de desenvolvimento.
   d) A transferência de conhecimento e tecnologia poderá ocorrer somente no âmbito da própria empresa, conforme sua estruturação e organização.
   e) A lógica da inovação aberta opera com pouquíssima intensidade no sentido de estabelecer conexões entre pesquisa e desenvolvimento, pois transferência de tecnologia ocorre apenas de um departamento para outro dentro da empresa.

3. A respeito das tendências e das perspectivas acerca das inovações, marque a alternativa **incorreta**.
   a) A perspectiva das inovações sustentáveis torna-se cada vez mais uma questão imprescindível no contexto da modernidade.
   b) As tecnologias de inteligência artificial já estão impactando os processos de produção, elevando a eficiência da geração de valor a um patamar nunca antes visto.

c) A indústria 4.0 se refere a uma revolução tecnológica em curso, considerada por especialistas como a Quarta Revolução Industrial, surgida com base em estudos nas áreas de tecnologia da informação e engenharia.

d) Pensar em inovações sustentáveis significa imaginar um contraponto ao aspecto vertiginoso que as inovações, no contexto da modernidade, parecem deixar bem claros, especialmente no que diz respeito à degradação do meio ambiente.

e) A obsolescência programada é um conceito diretamente relacionado com práticas sustentáveis, e, por conseguinte, implica em durabilidade de produtos de alta tecnologia.

4. "Falar de alto envolvimento significa que a empresa pertence a todos os seus sujeitos. É pensar nela como um todo, em perspectiva de integração, imaginando e construindo uma realidade em que as inovações, em todas as suas faces, com problemas e soluções, são responsabilidade de todos". A que responsabilidade os autores estão se referindo e qual é o fundamento que embasa a proposta de equipes com alto envolvimento?

5. Diferencie trabalho em grupo de trabalho em equipe, explicando o porquê de um ser mais favorável que o outro em relação à gestão de inovações.

Questão para reflexão

"Não pretendemos que as coisas mudem se sempre fazemos o mesmo. A crise é a melhor bênção que pode ocorrer com as pessoas e as empresas, porque traz progressos. A criatividade nasce da angústia, como o dia nasce da noite escura. É nas crises que nascem as invenções, os descobrimentos e as grandes estratégias". (Pensamento atribuído a Albert Einstein)

1. A passagem atribuída a Albert Einstein sugere que momentos de crise são propícios ao aparecimento de inovações. Reflita a respeito dessa proposição estabelecendo conexões com tudo o que aprendeu até aqui. Momentos de crise realmente são capazes de proporcionar o aparecimento de inovações?

Para saber mais

Para que você obtenha mais conhecimentos a respeito dos temas abordados no capítulo, fazemos as seguintes recomendações:

Artigos

GOMES, J. Brasil pode criar a indústria 4.0 verde e amarela. **Agência de Notícias CNI**, 4 fev. 2016. Entrevista. Disponível em: <http://www.portaldaindustria.com.br/agenciacni/noticias/2016/02/entrevista-brasil-pode-criar-a-industria-4-0-verde-e-amarela/>. Acesso em: 30 jun. 2018.

ESTÚDIO ABC. Indústria 4.0 exigirá um novo profissional. **Revista Exame**, 7 jul. 2017. Disponível em: <http://exame.abril.com.br/tecnologia/industria-4-0-exigira-um-novo-profissional/>. Acesso em: 30 jun. 2018.

O ESTADO DE S. PAULO. Após batalha judicial, Crocs perde a patente de sandália mundialmente famosa. **Economia & Negócios**, 15 ago. 2017. Disponível em: <http://economia.estadao.com.br/noticias/negocios,apos-batalha-judicial-crocs-perde-a-patente-de-sandalia-mundialmente-famosa,70001936489>. Acesso em: 30 jun. 2018.

Livros

CLEGG, S.; KORNBERGER, M.; PITSIS, T. **Administração e organizações**: uma introdução à teoria e à prática. Tradução de Patrícia Lessa Flores da Cunha et al. 2. ed. Porto Alegre: Bookman, 2011. p. 403-436.

STADLER, A.; MAIOLI, M. R. **Organizações e desenvolvimento sustentável**. Curitiba: InterSaberes, 2012.

Vídeo

"COMO vamos dominar a quarta revolução industrial é o grande desafio", diz Klaus Schwab. Disponível em: <https://www.youtube.com/watch?v=wWr3f5_rqEI>. Acesso em: 30 jun. 2018.

Para concluir...

ESTE LIVRO, EMBORA formalmente se encerre aqui, não finaliza nossa jornada de aprendizado acerca da gestão da tecnologia e inovação. O assunto é vasto, as abordagens são múltiplas e as referências bibliográficas, constituídas em grande parte de notáveis autores dos Estados Unidos e do Reino Unido, são um verdadeiro convite à inovação... Assim, aperfeiçoe e amplie seus conhecimentos, consulte as obras dos autores que embasaram a produção deste livro. Temos certeza de que a experiência lhe gerará satisfação. Esse convite se justifica pelo fato de termos trabalhado de maneira ampla, com a seleção de temas considerados indispensáveis, os quais procuramos conceituar aproximando-os ao máximo de nossa realidade por meio de linguagem acessível, exemplos práticos e comunicação direta.

Agora que você detém conhecimentos teóricos acerca das práticas de gestão da tecnologia e inovação, acreditamos que sua visão acerca do funcionamento das organizações em geral, especialmente da empresa em que trabalha, nunca mais será a mesma. Caso você esteja se sentindo instigado a reavaliar ou reconsiderar pontos de vista, interagir com seus colegas ou tendo ideias inovadoras, vá em frente! Fomente um clima ou uma cultura de inovação no ambiente profissional em que você transita. Nossa maior alegria será vê-lo encorajado para dar um tom prático a essa formidável teoria que construímos juntos.

Parabéns pela busca do conhecimento!

Referências

3M. Avaliação de fornecedores, 2018. Disponível em: <http://solutions.3m.com.br/wps/portal/3M/pt_BR/Fornecedores/Home/Acompanhamento Fornecimento/AvaliacaoFornecedores>. Acesso em: 23 set. 2017.

3M INOVAÇÃO. 2018. Disponível em: <http://www.3minovacao.com.br>. Acesso em: 4 jul. 2017.

ALTENBURG, T. Building Inclusive Innovation System in Developing Countries: Challenges for is Research. In: LUNDVALL, B.-A. et al. (Ed.). **Handbook of Innovation Systems and Developing Countries**: Building Domestic Capabilities in a Global Setting. Cheltenham: Edward Elgar Publishing, 2009. p. 35-56.

AMATO NETO, J. (Org.). **Redes entre organizações**: domínio do conhecimento e da eficácia operacional. São Paulo: Atlas, 2005.

ANPROTEC – Associação Nacional de Entidades Promotoras de Empreendimentos Inovadores. **Estudo de impacto econômico**: segmento de incubadoras de empresas do Brasil. Brasília: Sebrae, 2016. Disponível em: <http://www.anprotec.org.br/Relata/18072016%20Estudo_ANPROTEC_v6.pdf>. Acesso em: 28 mar. 2019.

BARBIERI, J. C. **Gestão ambiental empresarial**: conceitos, modelos e instrumentos. 3. ed. São Paulo: Saraiva, 2011.

BARBIERI, J. C.; ÁLVARES, A. C. T.; CAJAZEIRA, J. E. R. Geração de ideias para inovações: estudos de casos e novas abordagens. In: SIMPÓSIO DE ADMINISTRAÇÃO DA PRODUÇÃO, LOGÍSTICA E OPERAÇÕES INTERNACIONAIS, Simpoi, 11., 2008, São Paulo. **Anais**... Disponível em: <http://gvpesquisa.fgv.br/sites/gvpesquisa.fgv.br/files/arquivos/barbieri_-_gestao_de_ideiaspara_inovacoes_estudos_.pdf>. Acesso em: 20 jun. 2018.

BARBOSA, D. B. **Uma introdução à propriedade intelectual**. Rio de Janeiro: Lumen Juris, 1998. v. II: Biotecnologia e propriedade intelectual, topografias, know how e segredos industrial, anotações à Lei n. 9.456, de 25 de abril de 1997 (Lei de proteção de cultivares).

BARBOSA, V. As 100 empresas mais sustentáveis do mundo em 2016. **Revista Exame**, Negócios, 25 jan. 2016. Disponível em: <http://exame.abril.com.br/negocios/as-100-empresas-mais-sustentaveis-do-mundo-em-2016>. Acesso em: 20 jun. 2018.

BESSANT, J.; TIDD, J. **Inovação e empreendedorismo**. Tradução de Elizamari Rodrigues Becker, Gabriela Perizzola e Patrícia Lessa Flores da Cunha. Porto Alegre: Bookman, 2009.

BRASIL. Constituição (1988). **Diário Oficial da União**, Brasília, DF, 5 out. 1988. Disponível em: <http://www.planalto.gov.br/ccivil_03/Constituicao/Constituicao.htm>. Acesso em: 20 jun. 2018.

BRASIL. Lei n. 8.248, de 23 de outubro de 1991. **Diário Oficial da União**, Poder Legislativo, Brasília, DF, 24 out. 1991. Disponível em: <http://www.planalto.gov.br/ccivil_03/leis/L8248.htm>. Acesso em: 28 jan. 2019.

_____. Lei n. 9.279, de 14 de maio de 1996. **Diário Oficial da União**, Poder Legislativo, Brasília, DF, 15 maio 1996. Disponível em: <http://www.planalto.gov.br/ccivil_03/Leis/L9279.htm>. Acesso em: 28 jan. 2019.

_____. Lei n. 10.973, de 2 de dezembro de 2004. **Diário Oficial da União**, Poder Legislativo, Brasília, DF, 3 dez. 2004. Disponível em: <http://www.planalto.gov.br/ccivil_03/_ato2004-2006/2004/Lei/L10.973.htm>. Acesso em: 20 jun. 2018.

_____. Lei n. 11.196, de 21 de novembro de 2005. **Diário Oficial da União**, Poder Legislativo, Brasília, DF, 22 nov. 2005. Disponível em: <http://www.planalto.gov.br/ccivil_03/_ato2004-2006/2005/lei/l11196.htm>. Acesso em: 20 jun. 2018.

_____. Lei n. 13.243, de 11 de janeiro de 2016. **Diário Oficial da União**, Poder Legislativo, Brasília, DF, 12 jan. 2016. Disponível em: <http://www.planalto.gov.br/ccivil_03/_ato2015-2018/2016/lei/l13243.htm>. Acesso em: 20 jun. 2018.

BURGELMAN, R. A.; CHRISTENSEN, C. M.; WHEELWRIGHT, S. C. **Gestão estratégica da tecnologia e da inovação**: conceitos e soluções. Tradução de Luis Claudio de Queiroz Faria. 5. ed. Porto Alegre: AMGH, 2012.

CAPODAGLI, B.; JACKSON, L. **Pixar**: lições do playground corporativo mais criativo do mundo. Tradução de Maria Amália Bernardi Caccuri. São Paulo: Saraiva, 2010.

CARSTENS, D. S. **Um sol para cada um**: um modelo de governança para o uso e a disseminação da energia solar no Brasil. 201 p. Tese (Doutorado em Administração) – Universidade Positivo, Curitiba, 2016.

CARSTENS, D. S.; KAMP, L.; CUNHA, S. K. The Emergence of Photovoltaic Energy in Brazil: Challenges and Opportunities for growth. In: INTERNATIONAL SUSTAINABILITY TRANSITIONS CONFERENCE, 7., 2016, Wuppertal.

CARVALHO, L. 8 inovações que surgiram por acaso. **Revista Exame**, Tecnologia, 1º nov. 2011a. Disponível em <http://exame.abril.com.br/tecnologia/8-inovacoes-que-surgiram-por-acaso>. Acesso em: 20 jun. 2018.

_____. Como surgiram cinco das maiores inovações da 3M. **Revista Exame**, Tecnologia, 1º nov. 2011b. Disponível em: <http://exame.abril.com.br/tecnologia/como-surgiram-cinco-das-maiores-inovacoes-da-3m>. Acesso em: 20 jun. 2018.

CAVALCANTE, L. R. Políticas de ciência, tecnologia e inovação no Brasil: uma análise com base nos indicadores agregados. In: IPEA – Instituto de Pesquisa Econômica Aplicada. **Brasil em desenvolvimento**: Estado, planejamento e políticas públicas. Brasília: Ipea, 2010. 3 v.

CHESBROUGH, H. **Inovação aberta**: como criar e lucrar com tecnologia. Tradução de Luis Claudio de Queiroz Faria. Porto Alegre: Bookman, 2012.

CHRISTENSEN, C. M. **O dilema da inovação**: quando as novas tecnologias levam empresas ao fracasso. Tradução de Edna Veiga. São Paulo: Makron Books, 2012.

CLEGG, S.; KORNBERGER, M.; PITSIS, T. **Administração e organizações**: uma introdução à teoria e à prática. Tradução de Patrícia Lessa Flores da Cunha et al. 2. ed. Porto Alegre: Bookman, 2011.

CONNELLAN, T. K. **Nos bastidores da Disney**: os segredos do sucesso da mais poderosa empresa de diversões do mundo. Tradução de Marcelo Borges. 19. ed. São Paulo: Futura, 1998.

CORAL, E.; OGLIARI, A.; ABREU, A. F. de (Org.). **Gestão integrada da inovação**: estratégia, organização e desenvolvimento de produtos. São Paulo: Altas, 2008.

CORRÊA, M. Brasil é o 10º país mais desigual do mundo. **O Globo**, Economia, 21 mar. 2017. Disponível em: <https://oglobo.globo.com/economia/brasil-o-10-pais-mais-desigual-do-mundo-21094828#ixzz51wzz8GVW>. Acesso em: 20 jun. 2018.

D'AVILA, T.; EPSTEIN, M. J.; SHELTON, R. **As regras da inovação**: como gerenciar, como medir e como lucrar. Tradução de Raul Rubenich. Porto Alegre: Bookman, 2009.

DRUCKER, P. **Administrando em tempos de grandes mudanças**. Tradução de Nivaldo Montingelli Jr. São Paulo: Pioneira, 1999.

_____. **Inovação e espírito empreendedor (entrepreneurship)**: prática e princípios. Tradução de Carlos Malferrari. São Paulo: Cengage Learning, 1986.

_____. The Discipline of Innovation. **Harvard Business Review**, Aug. 2002. Disponível em: <https://hbr.org/2002/08/the-discipline-of-innovation>. Acesso em: 20 jun. 2018.

DW – Deutsche Welle. 1886: inventada a Coca-Cola. **Calendário histórico**. Disponível em: <http://www.dw.com/pt-br/1886-inventada-a-coca-cola/a-833976>. Acesso em: 20 jun. 2018.

FIGLIOLI, A.; PORTO, G. S. Mecanismos de transferência de tecnologia entre universidades e parques tecnológicos. In: SIMPÓSIO DE GESTÃO DA INOVAÇÃO TECNOLÓGICA, 24., 2006, Gramado. **Anais**... Disponível em: <http://www.anpad.org.br/admin/pdf/IPP601.pdf>. Acesso em: 20 jun. 2018.

FIORELLI, J. O. **Psicologia para administradores**: integrando teoria e prática. 9. ed. São Paulo: Atlas, 2014.

FORBES. The World's Most Innovative Companies. **The List**, 2018a. Disponível em: <https://www.forbes.com/innovative-companies/list>. Acesso em: 28 mar. 2019.

_____. The World's Most Valuable Brands. **The List**, 2018b. Disponível em: <https://www.forbes.com/powerful-brands/list>. Acesso em: 28 mar. 2019.

GITAHY, Y. O que é uma startup? **Revista Exame**, PME, 3 fev. 2016. Disponível em: <https://exame.abril.com.br/pme/o-que-e-uma-startup>. Acesso em: 20 set. 2017.

GRAU-KUNTZ, K. O que é propriedade intelectual. **IP-Iurisdictio**, 15 ago. 2015. Disponível em: <http://ip-iurisdictio.org/hello-world>. Acesso em: 20 jun. 2018.

GREGO, M. O guru Steven Johnson conta de onde vem a inovação. **Revista Exame**, Tecnologia, 19 set. 2014. Disponível em: <http://exame.abril.com.br/tecnologia/o-guru-steven-johnson-conta-de-onde-vem-a-inovacao>. Acesso em: 19 jun. 2018.

HESSELBEIN, F.; GOLDSMITH, M.; SOMERVILLE, I. **Liderança para o século XXI**. Tradução de Cynthia Azevedo. São Paulo: Futura, 2000.

IBGE – Instituto Brasileiro de Geografia e Estatística. **Pesquisa de inovação**: 2016. Rio de Janeiro, 2016.

IBM BRASIL. **IBM Watson** – bem-vindos à era cognitiva. Disponível em: <https://www.youtube.com/watch?v=z6lpRP7b4ss>. Acesso em: 20 jun. 2018.

IBM. **Watson**: o desafio de todos os tempos. Disponível em: <http://www-03.ibm.com/systems/br/power/advantages/watson>. Acesso em: 11 set. 2017.

JOHNSON, S. **Where Good Ideas Come From**. Disponível em: <https://www.youtube.com/watch?v=0afooUcTO-c>. Acesso em: 19 jun. 2018.

KAPLAN, R. S.; NORTON, D. P. **Alinhamento**: utilizando o Balanced Scorecard para criar sinergias corporativas. Tradução de Afonso Celso da Cunha Serra. Rio de Janeiro: Elsevier, 2006.

KELLY, K. **Para onde nos leva a tecnologia**. Tradução de Francisco Araújo Costa. Porto Alegre: Bookman, 2013.

KFC – Kentucky Fried Chicken. **KFC Brasil**. Disponível em: <http://www.kfcbrasil.com.br>. Acesso em: 28 mar. 2019.

KIM, W. C.; MAUBORGNE, R. **Blue Ocean Strategy**: how to Create Uncontested Market Space and Make the Competition Irrelevant. Boston: Harvard Business Scholl Publishing, 2005.

KOTLER, P.; KELLER, K. L. **Administração de marketing**. Tradução de Sônia Midori Yamamoto. 14. ed. São Paulo: Pearson Education do Brasil, 2012.

KOTTER, J. P. **Liderando mudança**. Rio de Janeiro: Campus; Elsevier, 1997.

LEPRI, J. Brasil leva até 11 anos para conseguir aprovar a patente de um produto novo. **G1**, São Paulo, 22 set. 2016. Disponível em: <http://g1.globo.com/jornal-da-globo/noticia/2016/09/brasil-leva-ate-11-anos-para-conseguir-aprovar-patente-de-um-produto-novo.html>. Acesso em: 19 jun. 2018.

LEVY, G. Na contramão da crise: uma aventura que cresce 700%. **Endeavor Brasil**, 28 maio 2016. Disponível em: <https://endeavor.org.br/desenvolvimento-pessoal/historia-vitor-torres-fabio-bacarin-contabilizei>. Acesso em: 30 jun. 2018.

LUNDVALL, B-A. (Ed.). **National Systems of Innovation**: Toward a Theory of Innovation and Interactive Learning. New York: Athem Press, 2010.

MENEZES, V. de O.; MAÇANEIRO, M. B.; CUNHA, S. K. da (Org.). **Observatório de ecoinovação**: aspectos teóricos e casos ilustrativos. Curitiba: CRV, 2017.

MINTZBERG, H. et al. **O processo da estratégia**: conceitos, contextos e casos selecionados. Tradução de Luciana de Oliveira Rocha. 4. ed. Porto Alegre: Bookman, 2009.

OSTERWALDER, A.; PIGNEUR, Y. **Business Model Generation**: inovação em modelos de negócios. Tradução de Raphael Bonelli. Rio de Janeiro: Alta Books, 2011.

POPADIUK, S. Escala de orientação para *exploration-exploitation* do conhecimento em empresas brasileiras. In: ENCONTRO DA ANPAD, 34., 2010, Rio de Janeiro. **Anais...** Disponível em: <http://www.anpad.org.br/admin/pdf/eor134.pdf>. Acesso em: 19 jun. 2018.

PORTER, M. E. **Estratégia competitiva**: técnicas para a análise de indústrias e da concorrência. Tradução de Elizabeth Maria de Pinho Braga. Rio de Janeiro: Elsevier, 2004.

PRAHALAD, C. K. **A riqueza na base da pirâmide**: erradicando a pobreza com o lucro. Tradução de André de Godoy Vieira. Porto Alegre: Bookman, 2010.

RENNER, R. H. Obsolescência programada e consumo sustentável: algumas notas sobre um importante debate. **Revista Interdisciplinar de Direito**, Juiz de Fora, v. 9, n. 1, 2012. p. 405-416. Disponível em: <http://revistas.faa.edu.br/index.php/FDV/article/view/529>. Acesso em: 19 jun. 2018.

ROBBINS, S. P. **Comportamento organizacional**. Tradução de Reynaldo Marcondes. 11. ed. São Paulo: Pearson Prentice Hall, 2006.

SCHERER, F. O.; CARLOMAGNO, M. S. **Gestão da inovação na prática**: como aplicar conceitos e ferramentas para alavancar a inovação. São Paulo: Atlas, 2009.

SCHOLTISSEK, S. **Excelência em inovação**: como criar mercados promissores nas áreas energéticas e de recursos naturais. Tradução de Cristina Yamagami. Rio de Janeiro: Elsevier; São Paulo: Accenture, 2012.

SCHUTZER, D. **Artificial Intelligence**: an Applications-Oriented Approach. New York: Van Nostrand Reinhold Company, 1987.

SCHWAB, K. **A quarta Revolução Industrial**. Tradução de Daniel Moreira Miranda. São Paulo: Edipro, 2016.

SIEMENS NO BRASIL. Siemens chega à marca de oito centros de pesquisa tecnologia no Brasil. **Imprensa**, 4 out. 2014. Disponível em: <http://w3.siemens.com.br/home/br/pt/cc/imprensa/pages/siemens-chega-a-marca-de-oito-centros-de-pesquisa-tecnologia-no-brasil.aspx>. Acesso em: 19 jun. 2018.

SILVA, E. H. B. da. Acordo Trips é dirigido somente aos Estados signatários e não aos particulares. **Consultor Jurídico**, 8 ago. 2014. Disponível em: <http://www.conjur.com.br/2014-ago-08/eduardo-hermes-somente-estado-signatario-invocar-acordo-trips2>. Acesso em: 20 jun. 2018.

SILVEIRA, C. B.; LOPES, G. C. O que é indústria 4.0 e como ela vai impactar o mundo. **Citisystems**, [2016]. Disponível em: <https://www.citisystems.com.br/industria-4-0>. Acesso em: 19 jun. 2018.

SILVEIRA, D. Brasil tem mais de 244 mil patentes e 422 mil marcas na "fila" para registro. **G1**, Economia, 3 maio 2017. Disponível em: <https://g1.globo.com/economia/noticia/brasil-tem-mais-de-244-mil-patentes-e-422-mil-marcas-na-fila-para-registro.ghtml>. Acesso em: 19 jun. 2018.

STADLER, A.; MAIOLI, M. R. **Organizações e desenvolvimento sustentável**. Curitiba: InterSaberes, 2012.

THE COCA-COLA COMPANY. Crônicas da Coca-Cola: nasce uma ideia refrescante. **História**, 31 dez. 2011. Disponível em <http://www.cocacolabrasil.com.br/historias/cronicas-da-coca-cola-nasce-uma-ideia-refrescante>. Acesso em: 20 jun. 2018.

TIDD, J.; BESSANT, J. **Gestão da inovação**: integrando tecnologia, mercado e mudança organizacional. Tradução de Félix Nonnenmacher. 5. ed. Porto Alegre: Bookman, 2015.

TIDD, J.; BESSANT, J.; PAVITT, K. **Gestão da inovação**. Tradução de Elizamari Rodrigues Becker et al. 3. ed. Porto Alegre: Bookman, 2008.

TIGRE, P. B. **Gestão da inovação**: a economia da tecnologia no Brasil. 2. ed. Rio de Janeiro: Elsevier, 2013.

VELÁZQUEZ, V. H. T. (Org.). **Propriedade intelectual**: setores emergentes e desenvolvimento. Piracicaba: Equilíbrio, 2007.

Respostas

Capítulo 1
Questões para revisão

1. c

2. e

3. c

4. Destacamos a criação de uma cultura organizacional que incentive internamente ações empreendedoras, inovativas e colaborativas, fomentando o compartilhamento de ideias e de recursos, além da obtenção de vantagem competitiva e de defesa da posição estratégica da organização no mercado por meio da criação de produtos e de serviços inovadores que

ofereçam uma proposta diferenciada e tragam mais valor percebido para o consumidor.

5. Em linhas gerais, o risco de a organização perder fôlego e até de fechar as portas pelo fato de ter ficado para trás ao não observar os avanços tecnológicos e as tendências de mercado. Inovar é obrigatório para a empresa que deseja se manter estável.

Capítulo 2
Questões para revisão

1. e

2. c

3. d

4. Racionalista: formal, interesse lógico, analítica e descritiva, próxima ao estilo militar, procura prever todas as situações possíveis. Frágil no sentido de lidar com cenários complexos.

    Incrementalista: considera aspectos como concorrência, visão dos consumidores, reguladores, alterações técnicas, leis, questões sociais, políticas, econômicas. É propensa a lidar com situações de complexidade.

5. Habilidades comunicacionais e inter-relacionais; construção de ambiente acolhedor e inclusivo; incentivo à criatividade e espírito de equipe; poder agregador, confiança no líder e nos projetos que encabeça desde a fase inicial.

Capítulo 3
Questões para revisão

1. b
2. b
3. a
4. Uma vez conquistada a estabilidade, a tendência natural da maioria das empresas é optar pelas inovações de caráter incremental. Como apresentado desde o primeiro capítulo desta obra, inovar de maneira incremental envolve menos riscos, ao passo que optar pela radicalidade ou pela disrupção, haverá necessidade de se lidar com incertezas de alto grau.
5. Não se deve escolher qualquer ideia, e sim a que estiver baseada em um modelo mental bem definido. Seleciona-se a ideia comprovadamente mais viável, pois os recursos para grandes e, especialmente, pequenas empresas são finitos.

Capítulo 4
Questões para revisão

1. b
2. c
3. c
4. Em linhas gerais, a competitividade entre as empresas é mais intensa no Oceano Vermelho, no qual todos os concorrentes estão disputando o mesmo mercado. Já a proposta

da estratégia do Oceano Azul consiste em repensar o apelo funcional-emocional do setor, buscando mercados ainda não explorados. Por fim, ao direcionar uma estratégia para os princípios do Oceano Azul, a empresa ganha competitividade e sua lucratividade tende a aumentar.

5. Entre as diferentes políticas para o fomento de uma tecnologia se destacam os incentivos fiscais e os incentivos financeiros que motivam as empresas a investir no desenvolvimento de novas tecnologias. Ademais, o governo do Brasil conta com inúmeras instituições que fomentam o desenvolvimento de tecnologias e inovações, como FINEP, CNPq, Capes e Ministério da Ciência, Tecnologia, Inovações e Telecomunicações.

Capítulo 5

Questões para revisão

1. a

2. e

3. d

4. A obsolescência pode ser planejada pela empresa com o objetivo de fazer com que os consumidores troquem seus antigos produtos por lançamentos. Todavia, uma das consequências da obsolescência programada é a redução do ciclo de vida dos produtos, algo comum, por exemplo, em relação aos *smartphones*.

5. Essencialmente, o objetivo da realização do protótipo do produto é testá-los antes de iniciar sua produção em escala e lançá-lo no mercado. Além disso, os potenciais usuários

do produto podem trazer uma contribuição muito grande a um protótipo de produto, pois são conhecedores e conseguem identificar oportunidades de ajustes e de melhorias no produto.

Capítulo 6
Questões para revisão

1. d

2. c

3. e

4. À responsabilidade decorrente da adesão dos funcionários de empresas que mantêm programas colaborativos que incentivam todos os trabalhadores a apresentar ideias e sugestões inovadoras, mediante reconhecimento e recompensas. Fundamenta-se na lógica da *manufatura enxuta*.

5. Trabalho em grupo, embora seja uma reunião de indivíduos em prol de um objetivo comum, nem sempre atinge bons resultados, seja por questões subjetivas, seja por má gestão ou liderança. Trabalho em equipe é a união de trabalhadores em torno de um objetivo comum, comprometidos com o êxito das tarefas que realizam; trata-se da soma de inteligências bem conduzidas e incentivadas em um contexto de sinergia em que cada um oferece o melhor de si. Logo, o grau de envolvimento e comprometimento de uma equipe de trabalho proporciona um ambiente mais rico e colaborativo se comparado àquele onde haja simplesmente um grupo. Assim, haverá mais espaço para a criatividade e surgimento de ideias inovadoras.

Sobre os autores

Danielle Denes dos Santos Carstens
Pós-doutora em Inovação pelo Instituto Israelense de Tecnologia – Technion, doutora em Administração pela Universidade Positivo (UP) e pela TU DELFT – Faculty of Technology, Policy and Management, na Holanda, mestre em Administração pela Universidade Federal do Paraná (UFPR), especialista em Marketing Empresarial pela UFPR, graduada em Administração de Empresas pela Universidade Tuiuti do Paraná (UTP) e em Comunicação –Publicidade e Propaganda pela UFPR.

Atualmente, é professora adjunta na Universidade Positivo (UP) no Programa de Mestrado e Doutorado em Administração (PMDA) e na graduação em Administração e Comércio Exterior da Escola de Negócios. Tem mais de 15 anos de experiência em magistério superior, tendo atuado em diversas instituições de ensino, entre elas: UP, Pontifícia Universidade Católica do Paraná (PUCPR), Centro Universitário Internacional Uninter e UTP.

Atuou por mais de 18 anos em empresas nacionais e multinacionais nas áreas de Inteligência e Pesquisa de Mercado, Planejamento Estratégico e Inovação. Suas áreas de interesse são: transição tecnológica, teoria da inovação, gestão da inovação, pesquisa de marketing, marketing empresarial, planejamento estratégico.

Edson Fonseca
Mestrando em Administração pela Universidade Tecnológica Federal do Paraná (UTFPR), pós-graduado em Formação Pedagógica do Professor Universitário pela Pontifícia Universidade Católica do Paraná (PUCPR) e graduado em Direito pelo Centro Universitário Autônomo do Brasil (Unibrasil).

Tem experiência na área de educação, com ênfase em tecnologia educacional, coordenando projetos de produção escrita e audiovisual para cursos de pós-graduação e cursos livres na modalidade de ensino a distância (EaD). É advogado e mediador.

Os papéis utilizados neste livro, certificados por instituições ambientais competentes, são recicláveis, provenientes de fontes renováveis e, portanto, um meio responsável e natural de informação e conhecimento.

FSC
www.fsc.org
MISTO
Papel | Apoiando
o manejo florestal
responsável
FSC® C103535

Impressão: Reproset